Hiperelasticidad
Introducción al modelado mecánico de elastómeros

Alejandro E. Rodríguez-Sánchez

EDICIONES UNIVERSIDAD DE NAVARRA, S.A.
PAMPLONA

© 2025. Alejandro E. Rodríguez-Sánchez
Ediciones Universidad de Navarra, S.A. (EUNSA)
Campus Universitario • Universidad de Navarra • 31009 Pamplona • España
+34 948 25 68 50 • www.eunsa.es • eunsa@eunsa.es

ISBN 978-84-313-4090-2
DL NA 2380-2025

Los datos experimentales para la deformación del caucho vulcanizado del capítulo 9, fueron medidos en 1944 por L.R.G. Treloar, y en 1975 por L.R.G. Treloar y D.F. Jones, proporcionados por cortesía de R. Ogden, disponibles y publicados en el sitio web de Patrizio Neff \url{uni-due.de/mathematik/ag_neff/neff_hencky}.

Printed in Spain – Impreso en España **por Podiprint**

Cupón para la Biblioteca Virtual

Accede a la versión eBook de este título por solo **1,99 €**. Con la compra de este libro puedes utilizar el siguiente cupón para la lectura en *streaming** desde la Biblioteca Virtual. **Sigue estas instrucciones** para visualizar tu libro:

1. Dirígete a la web de la Biblioteca Virtual **https://ebooks.eunsa.es/library**.

2. En la web ve a **Iniciar sesión** e introduce tu email y contraseña. Si no estás registrado, deberás completar el proceso en **Registrarse**.

3. Tras registrarte, accede a la página del libro o lee el QR de esta página. Bajo el precio podrás **insertar el código oculto en el siguiente cupón** para activar la promoción.

Despegue para visualizar

Acceso directo al eBook

Canjéalo en ebooks.eunsa.es

*Con acceso a internet desde cualquier navegador.

Colección: Apuntes

Índice

Capítulo 7

Capítulo 8

Capítulo 9

Prefacio

Los polímeros están presentes en casi todos los aspectos de nuestra vida diaria, y su importancia es tal que su ausencia impondría serias limitaciones a sectores enteros de la sociedad. Consideremos, por ejemplo, el caucho y materiales similares. Si esta clase de polímeros desapareciera por completo, numerosos productos esenciales —como las bandas transportadoras y prácticamente todos los tipos de neumáticos— se verían afectados. Esto provocaría un desbalance significativo en las cadenas productivas: el transporte de bienes y el sector de servicios se detendrían, impactando negativamente en la economía mundial y en el bienestar general de la población. Aunque es cierto que los polímeros presentan retos medioambientales, reflexionar sobre su posible ausencia nos hace reconocer que su importancia sigue siendo crucial para la economía global y el progreso humano.

Un aspecto fundamental en el estudio macroscópico de los polímeros es el análisis de su respuesta mecánica ante estímulos externos, como lo son fuerzas y presiones. En efecto, una amplia proporción de la literatura especializada se enfoca en cómo estos conocimientos fundamentales pueden aplicarse al diseño de soluciones innovadoras utilizando polímeros. En particular, el diseño de piezas y estructuras mecánicas en sectores como la aviación y el automotriz se beneficia enormemente de una comprensión mecánica de estos materiales.

Este libro ofrece una revisión exhaustiva de los principios fundamentales de la mecánica de sólidos y de medios continuos, aplicados específicamente a los polímeros flexibles conocidos como elastómeros. Se detallan los conocimientos necesarios para abordar problemas que requieren la utilización, aplicación y diseño de piezas elaboradas con estos materiales. Aunque se cubren temas generales aplicables a una variedad de materiales, el enfoque primordial está en los elastómeros.

El texto se centra en dos áreas clave para el análisis de la respuesta mecánica de los elastómeros: la mecánica de medios continuos y los modelos hiperelásticos. Reconociendo la complejidad inherente a estos temas, se incluyen ejemplos prácticos implementados mediante código computacional en lenguaje Python. La elección de Python se debe a su accesibilidad y amplia adopción en la comunidad científica y de ingeniería, lo que permite a los lectores desarrollar habilidades en la creación y práctica de modelos mecánicos de los elastómeros de manera efectiva. Así, el objetivo principal de este libro es proporcionar una revisión detallada de los fundamentos de los modelos mecánicos de materiales elastoméricos, integrando un aspecto práctico a través de su aplicación computacional.

Este trabajo está destinado a estudiantes de ingeniería mecánica y estructural, así como a científicos e ingenieros enfocados en elastómeros que buscan comprender los principios detrás del diseño y análisis de piezas y estructuras elaboradas con estos materiales. Asimismo, será de interés para profesionales de la industria que deseen aplicar estos conocimientos en contextos prácticos y mejorar la optimización y el rendimiento de productos basados en elastómeros.

## Capítulo 1

Introducción

Los elastómeros, desde el punto de vista de la mecánica de materiales, son notablemente complejos. Exhiben respuesta mecánica compleja, no lineal, y diversa y, dependiendo de su clasificación, cada tipo responde de manera distinta a estímulos externos como la temperatura o la presión. Por ejemplo, la silicona y el caucho, aunque ambos son elastómeros, reaccionan de forma muy diferente a magnitudes físicas como la temperatura y la deformación, ilustrando esta complejidad. Dada esta complejidad, es crucial introducir estos materiales empezando por entender la semántica de la palabra *elastómero*, la cual refleja intrincación similar en su significado.

En este capítulo se presentan los conceptos y definiciones más relevantes asociados con la palabra elastómero. Se revisan las etimologías y el contenido que otorga cuerpo y significado al término. Por ello, la revisión comienza con las palabras *monómero* y *polímero*, ya que de estas se deriva la descripción concerniente a la química estructural de los elastómeros, la cual es esencial para comprender qué son estos materiales.

Además, dado que un aspecto importante en el comportamiento mecánico y estructural de los elastómeros es la elasticidad, aquí definirá a la misma no solo desde una perspectiva químico-estructural, sino también a través de su comportamiento ante estímulos como la deformación. Por ello, se introducirá, y de forma exclusivamente cualitativa, el concepto de *elasticidad*, que está relacionado con la manera en que estos materiales elastómeros responden a las cargas y las deformaciones externas. Aunque se abordará este aspecto de forma general en un principio, se realizará un análisis más detallado y formal desde una perspectiva física y matemática en los siguientes capítulos.

1.1. Monómeros, polímeros y cadenas poliméricas

Todo elastómero es un polímero, y a su vez, todos los polímeros están compuestos fundamentalmente de monómeros. Los polímeros pueden ser naturales, como la madera y el látex, o sintéticos, como el neopreno y el poliestireno, los cuales se obtienen mediante procesos químicos. En este contexto, los monómeros son las unidades básicas de los polímeros. Mediante procesos de formulación adecuados, estos monómeros pueden combinarse para crear materiales con propiedades específicas, diseñadas para aplicaciones particulares, especialmente en el caso de los polímeros y elastómeros sintéticos. Es esencial abordar estos conceptos de manera detenida y con un enfoque estructurado. El término *monómero* ofrece el punto de partida más lógico para comprender la naturaleza de los polímeros y los elastómeros. A partir de esta base, se puede desarrollar una secuencia clara que facilite la comprensión de qué son y cómo funcionan estos materiales.

1.2. ¿Qué es un monómero?

La palabra «monómero» deriva de dos términos griegos: *monos*, que significa «uno» o «único», y *meros*, que se traduce como «parte» o «segmento». Combinando estos términos, obtenemos «monómero», que en castellano puede interpretarse como «segmento elemental». Sin embargo, esta interpretación no refleja directamente su significado técnico, sino más bien captura la esencia del término: el monómero es la unidad fundamental de un material.

Aunque en la ciencia e ingeniería de materiales el término «unidad» se utiliza frecuentemente para referirse a los monómeros, un término más preciso sería «molécula». Por lo tanto, los monómeros, concretamente, son moléculas de una sustancia específica, como lo señalan Askeland y Wright (2013).

En particular, un monómero es una molécula orgánica de bajo peso molecular con la capacidad de unirse a sí misma o a otras moléculas, dando lugar a la formación de un polímero de alto peso molecular. Según Busch (2001), un monómero se define como *"una molécula que se combina con otras moléculas del mismo tipo o de un tipo diferente para formar un polímero"*. La Figura 1.1 muestra un esquema de la molécula de etileno (C_2H_4), un monómero clave en la producción de polietileno, y que es un polímero extensamente utilizado en la fabricación de materiales sintéticos. Es importante destacar que, a nivel más fundamental, esta molécula está compuesta de átomos de hidrógeno y carbono.

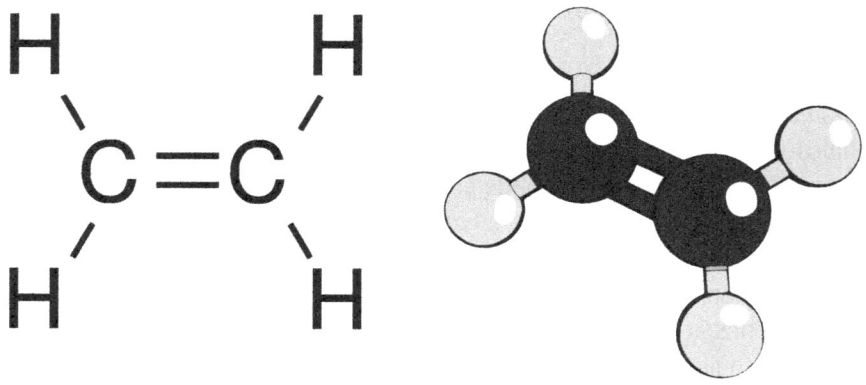

Figura 1.1 *Molécula de etileno C2H4. Donde los símbolos C y H indican átomos de carbono e hidrógeno respectivamente.*

Habiendo examinado la definición de monómero desde una perspectiva de química estructural, es crucial profundizar en aspectos que van más allá de su conceptualización semántica básica. La Figura 1.1 plantea una pregunta esencial: *"¿Qué mecanismo permite la unión de estos átomos?"*. La química, como disciplina científica, explica que la cohesión entre los átomos se logra principalmente a través de tres tipos de enlaces químicos esenciales:

a. enlaces iónicos,

b. enlaces metálicos, y

c. enlaces covalentes.

Los electrones desempeñan un papel crucial en la formación de estos enlaces, actuando como los principales mediadores en estas conexiones. No obstante, en este contexto, la discusión sobre los electrones en esta obra será limitada, dado que su cinética es un campo de estudio extenso que excede los objetivos de esta sección introductoria. Sin embargo, es fundamental subrayar que, tanto en monómeros como en polímeros, los átomos se unen predominantemente mediante enlaces covalentes.

A partir de la información presentada, se puede esbozar una definición más detallada del término monómero: *un monómero es una unidad fundamental compuesta por átomos unidos mediante enlaces covalentes, que sirve como base molecular para la formación de materiales más complejos, denominados* polímeros.

1.3. ¿Qué es un polímero?

Aunque una traducción inicial del término *polímero* del griego al castellano sugiere *múltiples monómeros*, la verdadera esencia de la palabra se deriva de *polus*, que significa «abundancia»; el concepto de polímero va más allá de la simple cantidad, refiriéndose a la estructura formada por la unión de numerosos monómeros a través de enlaces covalentes, resultando en un material con propiedades únicas. Por lo tanto, más que muchos monómeros, un polímero representa un material compuesto por la interconexión, múltiples cadenas, de estos. Esta interpretación está en línea con las definiciones académicas reconocidas, incluyendo la ofrecida por Gnanou y Fontanille (2007), quienes describen un polímero como *"una macromolécula derivada de moléculas más simples, conocidas como monómeros, comúnmente empleada para referirse a varios materiales con una química base similar"*. En resumen, *un polímero es una macromolécula compuesta por monómeros*.

Ejemplos de polímeros incluyen al polietileno, utilizado ampliamente en la fabricación de bolsas plásticas; el poliestireno, presente en envases y aislantes; y el policloruro de vinilo o PVC, empleado en tuberías y revestimientos. Cada uno de estos materiales demuestra la diversidad funcional de los polímeros y su capacidad para ser adaptados a un sinfín de aplicaciones prácticas.

1.3.1. Cadenas poliméricas

En la ciencia de los materiales, el término *tipo-cadena* o *cadena polimérica* se refiere a la estructura molecular de los polímeros. Este concepto describe el arreglo resultante de conectar una serie de moléculas repetitivas en bloques, formando una estructura similar a una cadena. La Figura 1.2 ilustra esto con el polietileno $(C_2H_4)_n$, donde se observan extensas cadenas de macromoléculas. Al analizar esta representación, el concepto de *cadena* en la ciencia de materiales se vuelve claro: la cadena polimérica consiste en una secuencia repetida de moléculas de etileno conectadas entre sí, determinando la microestructura del material.

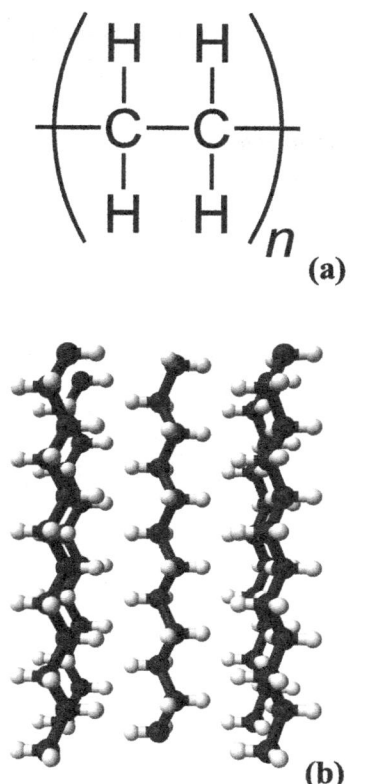

Figura 1.2 *Estructura molecular del polietileno (C2H4)n.*

Además, las cadenas poliméricas interactúan físicamente entre sí mediante *entrecruzamientos* (del inglés *crosslinks*) y *entrelazamientos* (equivalente a *entanglements*), como se muestra en la Figura 1.3. Estas interacciones crean enlaces secundarios conocidos como *fuerzas débiles* o *fuerzas de van der Waals*, que se diferencian de los enlaces primarios como los covalentes. Por ejemplo, cuando dos cadenas poliméricas se aproximan, la nube electrónica de un átomo en una cadena puede influir temporalmente en la distribución de cargas eléctricas de un átomo en una cadena cercana, generando una atracción débil pero relevante. Estas fuerzas son esenciales para definir las propiedades mecánicas y térmicas de un material. Si bien son mucho más débiles que los enlaces primarios, como los covalentes, las fuerzas de van der Waals son omnipresentes y vitales para la integridad estructural de los polímeros. Al ser responsables de la cohesión entre cadenas, juegan un rol crucial en la definición de la elasticidad y flexibilidad del material.

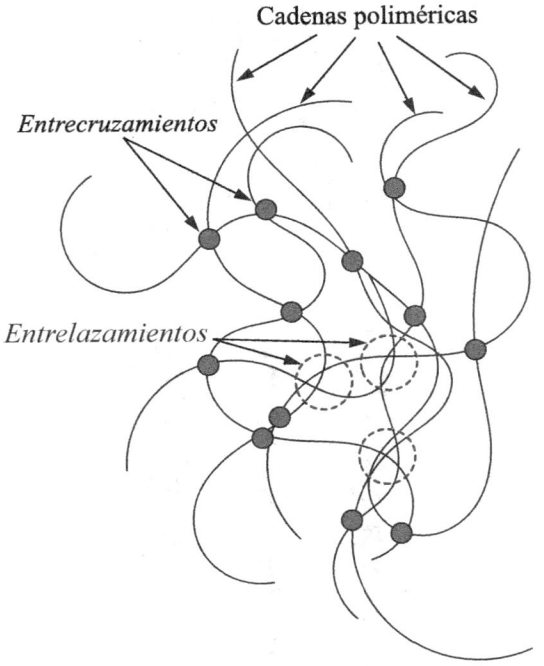

Figura 1.3 *Ejemplo esquemático de la interacción de cadenas poliméricas.*

Otra forma de clasificar los polímeros es por su respuesta a *estímulos termo* Las cadenas poliméricas configuran diversas regiones en la microestructura de polímeros más complejos, influyendo directamente en sus propiedades específicas; las propiedades de un polímero están relacionadas el tipo de cadenas que lo caracterizan.

1.3.2. Clasificación general de los polímeros

Los polímeros pueden clasificarse de diversas maneras. La Figura 1.4 muestra una taxonomía general que identifica varias categorías de estos materiales. La primera categoría se refiere a su origen. Esta clasificación distingue entre polímeros naturales, como la lignina, y polímeros sintéticos, como el poliestireno, que son elaborados en laboratorios a través de procesos químicos e industriales.

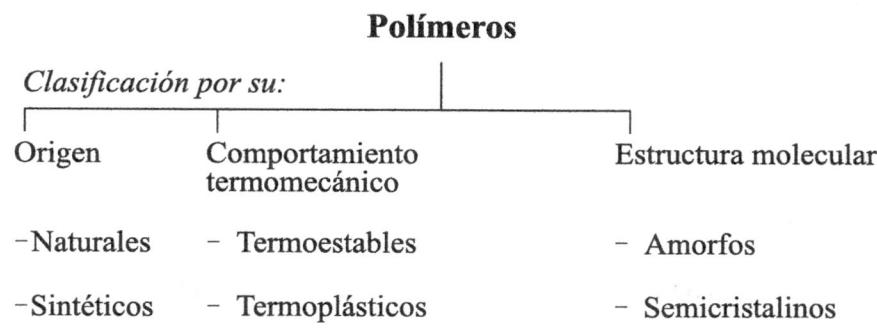

Figura 1.4 *Taxonomía general de los materiales polímeros.*

Otra forma de clasificar los polímeros es por su respuesta a *estímulos termo-mecánicos*. Esta clasificación los divide en dos categorías: (a) termoestables y (b) termoplásticos. Los polímeros termoestables, poseen y presentan enlaces y entrecruzamientos fuertes en sus cadenas poliméricas, por lo que exhiben las siguientes propiedades mecánicas distintivas: son considerablemente rígidos en comparación con la flexibilidad de los termoplásticos y no tienen una temperatura de fusión definida, lo que complica su procesamiento una vez formados, siendo insolubles y propensos a degradarse al calentarse. Por otro lado, los termoplásticos generalmente presentan un comportamiento dúctil gracias a sus extensas cadenas poliméricas; estos, al exponerse a altas temperaturas, se ablandan y pueden deformarse por flujo viscoso (Askeland y Wright, 2013). Además, la mayoría de los termoplásticos son solubles en agentes químicos solventes y tienen la capacidad de ablandarse con calor y endurecerse al enfriarse, lo que facilita su reprocesamiento mediante diversas técnicas de fabricación.

Los polímeros también pueden clasificarse según su microestructura en: (a) polímeros semicristalinos, (b) polímeros amorfos y (c) polímeros elastómeros[1]. Aunque es posible distinguir entre polímeros cristalinos y semicristalinos, en este libro se tratarán juntos debido a las similitudes notables en su microestructura y la ausencia de un límite claro que permita diferenciar estos subtipos basándose en el grado de cristalización. De hecho, el término *semicristalino* se utiliza comúnmente para describir materiales con diferentes niveles de cristalización en sus dominios (véase Rudin y Choi, 2013).

---

1. Conocidos en la literatura internacional por su término en inglés *rubber-like polymers.*

Los polímeros semicristalinos presentan una estructura donde las cadenas poliméricas se interrumpen por dominios cristalinos. La Figura 1.5 (a) ilustra esta categoría, mostrando claramente dos regiones distintas en la microestructura del polímero: una región amorfa y otra cristalina. En la región cristalina, las cadenas están organizadas de forma ordenada, lo que implica que las propiedades del polímero pueden variar sustancialmente según el grado de cristalización alcanzado durante su fabricación (Coreño-Alonso & Méndez-Bautista, 2010).

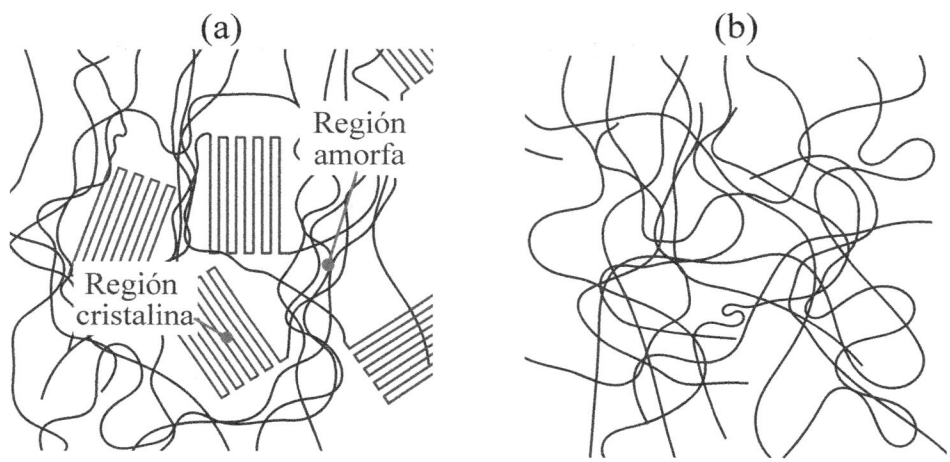

Figura 1.5 *Ejemplo de estructura molecular de un polímero: (a) polímero semicristalino, (b) polímero amorfo.*

En cuanto a los polímeros amorfos, se caracterizan por un desorden estructural pronunciado en sus cadenas poliméricas, careciendo de una forma definida. Esta ausencia de estructura organizada justifica su clasificación como amorfos, término derivado del griego *morfe*, que significa «forma».

La Figura 1.5 (b) ilustra un polímero amorfo. En esta representación, se resalta la ausencia de estructura ordenada en las cadenas poliméricas, y de ello se infiere que las principales interacciones entre estas cadenas ocurren mediante entrecruzamientos y entrelazamientos, tal como se discutió con referencia a la Figura 1.3.

Las categorías previamente descritas ofrecen información valiosa sobre el comportamiento y origen de los polímeros. En la química industrial, al desarrollar un material para una aplicación específica, es esencial controlar su microestructura y seleccionar cuidadosamente los procesos, moléculas y sustancias involucradas. Estos factores son clave para dotar al material de propiedades específicas que cumplan con ciertos requisitos o resuelvan problemas concretos, ya sean de naturaleza mecánica, eléctrica o química.

Además, es importante resaltar que el comportamiento de un polímero está influenciado por el estado de las regiones en su microestructura. Estas regiones, donde residen las cadenas poliméricas, son directamente afectadas por la temperatura. Si un material presenta diversas regiones, los cambios en su estado físico se manifestarán dentro de un rango de temperaturas definido, variando según el tipo y grado del polímero.

Aunque la cinética de cristalización de los polímeros es un tema complejo y sigue siendo un área activa de investigación, no se explorará en profundidad en este libro. Sin embargo, para aquellos lectores interesados en este tema, se recomienda comenzar con el trabajo de Rault (1978) y proseguir con fuentes más especializadas, como el libro de Dosière (1993). Ambas referencias son fundamentales para comprender la cristalización microestructural de los polímeros.

1.3.3. Comportamiento termomecánico de los polímeros

El comportamiento termomecánico de un polímero refleja su respuesta ante cambios en temperatura, presión y deformaciones mecánicas. Esta respuesta está estrechamente vinculada con su microestructura, que define cómo el material reacciona a gradientes térmicos y a deformaciones por fuerzas externas. Con base en esto, seleccionar el polímero adecuado según su microestructura es crucial para garantizar un rendimiento óptimo en un entorno específico. Una elección incorrecta puede resultar en un material incapaz de soportar las fluctuaciones térmicas y mecánicas esperadas, comprometiendo su funcionalidad.

Dos parámetros térmicos son esenciales al analizar el comportamiento termomecánico de un polímero:

1. *Temperatura de transición vítrea* $(\boldsymbol{T_g})$: se refiere al rango de temperatura donde las regiones amorfas de un polímero se reblandecen, resultando en baja rigidez y un comportamiento elástico no-lineal.

2. *Temperatura de fusión* $(\boldsymbol{T_m})$: es la temperatura a la que las regiones cristalinas de un polímero se funden, transformándose en un estado líquido viscoso.

Tras alcanzar la $\boldsymbol{T_g}$, los polímeros amorfos experimentan una reducción significativa en su rigidez. El aumento de temperatura facilita el deslizamiento de las cadenas poliméricas entre sí bajo la aplicación de fuerza. Esta dinámica se comprende mejor examinando la relación entre la Energía Libre de Gibbs y la Energía de Activación en polímeros (Ward & Sweeney, 1993; Young & Lovell, 1991). A nivel molecular, el aumento de la temperatura reduce la energía necesaria para que las cadenas poliméricas superen las barreras energéticas que mantienen su orden estructural, permitiendo así una mayor movilidad. Esto resulta en cambios en las propiedades viscoelásticas del material, que pueden ser aprovechados en aplicaciones que requieren materiales con propiedades de memoria de forma o auto-reparación. Así, entender estos cambios a nivel microestructural podría ser esencial para optimizar el diseño y la funcionalidad de nuevos polímeros destinados a tecnologías avanzadas.

La Figura 1.6 muestra un diagrama comparando el comportamiento del módulo de elasticidad E de dos polímeros en función de la temperatura. Este módulo caracteriza la rigidez mecánica de un material, es decir, su resistencia a la deformación. En la gráfica, uno de los polímeros es completamente amorfo, mientras que el otro tiene regiones semicristalinas. Esta figura también muestra tres regiones bien definidas para un polímero determinado, demarcadas por T_g y T_m: (a) región vítrea, (b) región goma (conocida en inglés como rubbery), y (c) región viscosa. En la región vítrea, el polímero se presenta como un material altamente rígido y frágil. Al aproximarse a la región goma, las cadenas poliméricas adquieren mayor movilidad, lo que se traduce en una incrementada elasticidad y tenacidad. Por otro lado, en la región viscosa, los dominios cristalinos se disuelven en los polímeros semicristalinos, mientras que los polímeros amorfos, aunque no poseen una T_m claramente definida, exhiben una resistencia notablemente disminuida ante fuerzas externas y manifiestan un comportamiento viscoso. Al superar la T_m, los polímeros transicionan a un estado líquido.

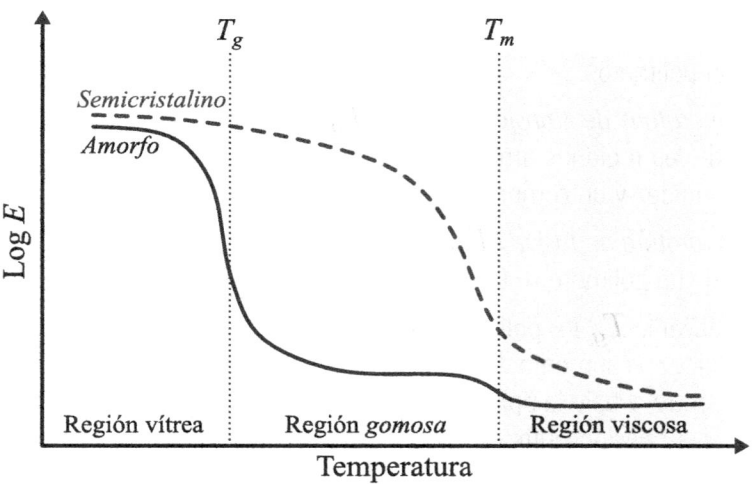

Figura 1.6 *Diagrama esquemático del comportamiento del módulo elástico de dos clases de polímeros con respecto a la temperatura.*

Las propiedades T_g y T_m de un polímero se determinan experimentalmente siguiendo estándares y normas específicas, como los estándares ASTM D3418 para T_m y ASTM E1356 para T_g. Estas mediciones se realizan mediante técnicas de calorimetría diferencial de barrido, que proporcionan gráficos demostrando la variación de la rigidez del material con la temperatura.

Otro gráfico crucial para comprender la respuesta termomecánica de un polímero es el de esfuerzo-deformación, ilustrado en la Figura 1.7. Esta gráfica visualiza la respuesta mecánica de un polímero ante diferentes estados de deformación:

a. uniaxial,

b. biaxial,

c. planar, y

d. volumétrica.

La Figura 1.7 muestra una gráfica esfuerzo-deformación para un estado de deformación uniaxial. Más adelante, se proporcionará una descripción detallada de estos estados. La Figura 1.7 (a) revela características clave de la curva de esfuerzo-deformación, como la tenacidad, que se identifica directamente por el área bajo la curva. Esta área representa la energía que un material puede absorber antes de fracturarse, destacando las diferencias entre un polímero frágil y uno dúctil. Bajo la misma deformación, el material frágil fallaría más rápidamente que el dúctil debido a su menor capacidad para almacenar energía de deformación. Factores como la temperatura, el tipo de polímero, las condiciones ambientales y su microestructura influyen significativamente en estas propiedades.

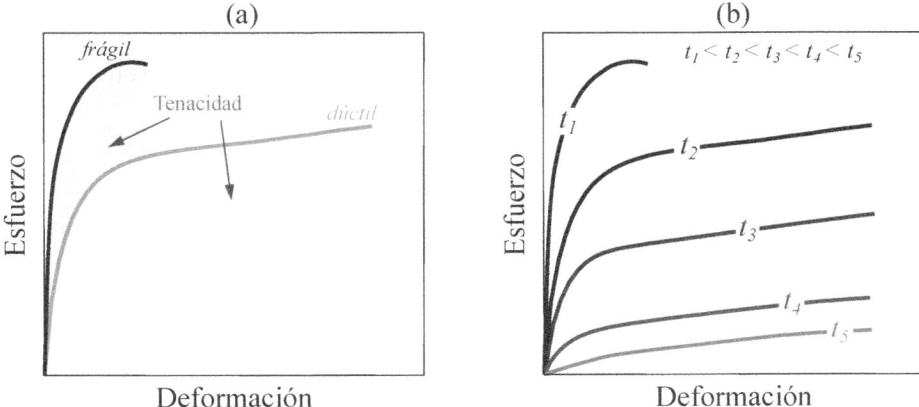

Figura 1.7 *Curvas de esfuerzo deformación para un polímero: (a) comparación de la tenacidad; (b) comportamiento mecánico de un material a distintas temperaturas.*

La Figura 1.7 (b) ilustra un conjunto de curvas de esfuerzo-deformación a diversas temperaturas, mostrando que al aumentar la temperatura, la respuesta mecánica del material disminuye, y viceversa. Estas curvas se obtienen mediante pruebas estandarizadas, como el estándar internacional ASTM D638, utilizado para evaluar propiedades mecánicas en polímeros. El fenómeno observado en la Figura 1.7 (b), donde la respuesta mecánica disminuye con el aumento de la temperatura, se debe a la mayor movilidad molecular a temperaturas más altas. A medida que la temperatura se incrementa, las cadenas poliméricas ganan energía y se mueven con mayor facilidad, lo que reduce la fuerza que pueden soportar antes de deformarse. Esto es similar a cómo la cera se vuelve más blanda y maleable al calentarse. Inversamente, al reducirse la temperatura, las cadenas tienen menos energía para moverse y, por ende, el material se vuelve más rígido, pudiendo soportar mayores esfuerzos antes de deformarse. Comprender estas variaciones en la respuesta mecánica a diferentes temperaturas es vital para predecir el comportamiento de los polímeros bajo diversas condiciones ambientales y es fundamental para su selección en aplicaciones que requieren propiedades mecánicas específicas.

Figuras como las 1.6 y 1.7 son importantes para la selección de materiales destinados a aplicaciones estructurales o mecánicas específicas. Dada la amplia variabilidad en las propiedades de los polímeros, influenciadas por su grado de cristalización, composición química y microestructura, es esencial que los ingenieros y científicos analicen detenidamente el comportamiento termomecánico de un polímero para asegurar una selección adecuada. De lo contrario, el diseño de una solución podría resultar inadecuado para el problema en cuestión.

Antes de abordar la definición de elastómero, se introducirá brevemente el proceso de formulación y creación de un polímero. Una vez establecidos estos conceptos preliminares, se profundizará en el estudio de los elastómeros, que constituyen el tema principal de este libro.

1.3.4. Polimerización

La formulación y subsiguiente fabricación de un polímero se lleva a cabo mediante el proceso químico conocido como *reacción de polimerización* o simplemente como *polimerización*. De manera general, este proceso implica la combinación química de monómeros para formar moléculas más grandes y complejas (véase el trabajo de Ebnesajjad, 2016). Este concepto es coherente con la definición de polímero presentada en secciones anteriores, donde se describe que un material polimérico se forma mediante la adición secuencial de monómeros. En la literatura sobre materiales y polímeros, se distinguen principalmente dos tipos de polimerización: (a) por adición y (b) por condensación (Askeland & Wright, 2013; Young & Lovell, 1991; Ward & Sweeney, 1993).

La polimerización por adición implica la unión de moléculas mediante enlaces dobles o triples para producir macromoléculas. En este proceso, los monómeros se ensamblan formando cadenas moleculares, y es comúnmente utilizada en la fabricación de polímeros como el propileno, polietileno y cloruro de polivinilo. Estas reacciones suelen requerir un catalizador que influye en la estructura final del polímero.

Por su parte, la polimerización por condensación se caracteriza por un mecanismo en el que los monómeros se unen mediante reacciones de condensación, involucrando grupos funcionales como amina, ácido carboxílico y alcohol. Este proceso es conocido como crecimiento por pasos (Ward & Sweeney, 1993), ya que en cada etapa se forma y elimina un compuesto simple, como agua.

Existen ciertas polimerizaciones por condensación que comparten características con las polimerizaciones por adición y viceversa. Según Young y Lovell, para entender con mayor precisión la fabricación de polímeros es esencial considerar los mecanismos fundamentales, que son (Young & Lovell, 1991):

a. *Polimerización por pasos*, donde el crecimiento de las cadenas de polímeros ocurre paso a paso mediante reacciones entre dos especies moleculares cualesquiera.

b. *Polimerización por crecimiento de cadena*, donde la cadena de polímero se extiende exclusivamente por reacción del monómero con un grupo reactivo en el extremo de la cadena en crecimiento. Este proceso se inicia con una reacción entre el monómero y un iniciador.

Las diferencias principales entre estos tipos de polimerización residen en el grado y la velocidad de polimerización durante el proceso. Aunque no se aborda en profundidad, es vital mencionar que el grado de polimerización es una medida de la longitud de las cadenas poliméricas y es fundamental para determinar las propiedades de un polímero (véase Coreño-Alonso y Méndez-Bautista, 2010).

1.4. Elastómeros

Los elastómeros, como se ha mencionado, pertenecen a un subconjunto de polímeros. Estos exhiben predominantemente una microestructura amorfa o *semiamorfa*, y se caracterizan por una disposición aleatoria de moléculas y un entrecruzamiento de cadenas poliméricas menos denso que otros polímeros. Tienen cadenas largas, flexibles y móviles que confieren una notable flexibilidad y elasticidad a nivel macroscópico.

La arquitectura molecular de los elastómeros les facilita soportar extensas deformaciones elásticas bajo fuerzas mínimas, permitiéndoles estirarse significativamente sin incurrir en daños permanentes al cesar la excitación aplicada. Esta propiedad se origina en la longitud y movilidad de sus cadenas poliméricas, que pueden alterar su configuración rápidamente bajo estrés mecánico. De hecho, la dinámica de estas cadenas está influenciada por su microestructura ligeramente entrecruzada y entrelazada, a diferencia de los polímeros más densamente entrecruzados como los termoestables.

Cuando las cadenas de los elastómeros se integran en una red, adquieren características propias de los sólidos, restringiendo el deslizamiento libre de las cadenas bajo fuerzas externas. Un ejemplo ilustrativo es la goma de hule natural, capaz de estirarse hasta más de tres veces su longitud original y retornar a su forma original tras la eliminación de la carga. Por otra parte, al superar la temperatura T_g, los elastómeros exhiben comportamientos similares a los de un líquido viscoso en lugar de un sólido rígido.

Además, desde el punto de vista termomecánico y de fabricación, los elastómeros comparten características con otros polímeros, por lo que se clasifican comúnmente en: (a) elastómeros termoplásticos y (b) elastómeros termoestables. Los elastómeros termoplásticos, reconfigurables mediante calor posterior a su producción, ofrecen ventajas en términos de reciclabilidad, lo que es útil en aplicaciones donde la reutilización es prioritaria. En contraste, los elastómeros termoestables, una vez curados, no pueden ser remodelados fácilmente y tienden a degradarse a altas temperaturas, especialmente después de alcanzar su temperatura de fusión T_m. Su estabilidad les confiere idoneidad para aplicaciones que exigen alta resistencia térmica y estabilidad química.

Dado que los elastómeros son materiales muy usados tanto en múltiples sectores industriales, como materiales base para productos de consumo, su estudio para propósitos de diseño resistente a cargas se centra en la investigación, análisis y aprovechamiento de su respuesta mecánica.

1.4.1. Respuesta mecánica de los elastómeros

Para comprender el comportamiento mecánico de los elastómeros, se considerarán inicialmente otros materiales. La Figura 1.8 ilustra las curvas de esfuerzo-deformación para una aleación metálica, un cerámico y un elastómero. Se observa que tanto el cerámico como la aleación metálica exhiben una respuesta lineal inicial a la deformación, conocida en ingeniería como *región elástica*. En esta etapa, cuando se retira la fuerza aplicada a un material como la aleación metálica o el cerámico, este retorna a su forma original.

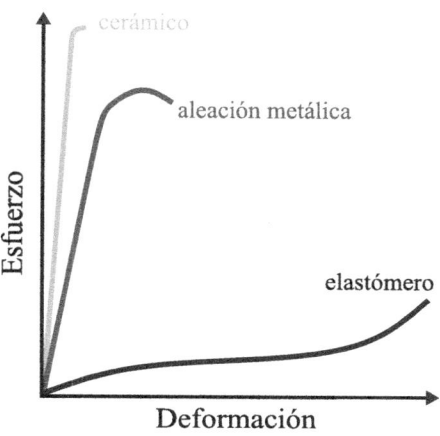

Figura 1.8 *Comparación del comportamiento mecánico a la deformación de distintos tipos de materiales (exagerada).*

Ambos materiales, cerámico y aleación, al alcanzar cierto punto, experimentan una deformación permanente. Este punto crítico, llamado *resistencia de cedencia* o *punto de fluencia*, marca el inicio de la región plástica en muchos materiales. En gran medida, en ingeniería estructural y la ingeniería mecánica, es esencial evitar que los materiales entren en esta fase plástica, ya que ello puede llevar a fallas estructurales y potencialmente a catástrofes sino se dimensiona y se mitiga su aparición. Aunque existen numerosas herramientas y teorías para modelar la respuesta en la región elástica y plástica de diversos materiales, este trabajo se centrará únicamente en los elastómeros. Para materiales no poliméricos, se recomienda la lectura de otras fuentes, como el libro de Askeland y Wright (2013).

La Figura 1.8 también destaca la respuesta de un elastómero, ilustrado por la línea negra. Al compararlo con los otros materiales discutidos, se aprecia claramente la notable capacidad del elastómero para soportar grandes deformaciones (la línea se extiende más en el eje horizontal). A diferencia de muchos materiales, la mayoría de los elastómeros no presentan un umbral elástico claramente definido por una sección lineal, como si se observa el cerámico y la aleación metálica; es decir, no exhiben una región elástica determinada por una proporcionalidad directa entre el esfuerzo y la deformación, y dada la naturaleza única de su microestructura y el comportamiento de sus cadenas poliméricas, no hay un único parámetro, como el módulo elástico, que describa adecuadamente su respuesta elástica. De hecho, muchos elastómeros, especialmente aquellos con altos grados de regiones amorfas, pueden actuar elásticamente incluso cuando se estiran más del 300% de su longitud original. De ahí que la respuesta mecánica de un elastómero, incluyendo su fenomenología elástica, es compleja y no lineal

Además, cada elastómero tiene su propia conformación microestructural, lo que hace difícil identificar una regularidad constante en sus propiedades mecánicas (no se puede decir que, por ejemplo, un silicón y un caucho natural tienen respuestas mecánicas proporcionales). Por ello, el enfoque matemático para modelar su comportamiento tiende a ser complejo, que en lugar de basarse en proporcionalidades directas, como se suele hacer en la región elástica de materiales metálicos y los cerámicos, se enfoca en descripciones matemáticas relacionadas con la energía de deformación del mismo. Esto conlleva a estudiar su respuesta mecánica a través de ensayos y experimentación para caracterizar cada etapa de un elastómero. Por ello, es de rutina para cada elastómero, incluso de un mismo grado y tipo, el llevar a cabo ensayos y caracterización mecánica repetitiva, para determinar sus curvas de esfuerzo-deformación.

1.4.2. Ensayos y caracterización experimental mecánica de elastómeros

Para caracterizar las propiedades mecánicas de los elastómeros, y de los polímeros, se emplean diversos ensayos experimentales denominados *ensayos mecánicos de material*. Estos ensayos, que son esenciales en el estudio de polímeros y elastómeros, se diseñan para evaluar las propiedades bajo diferentes modos de deformación, como se ilustra en la Figura 1.9.

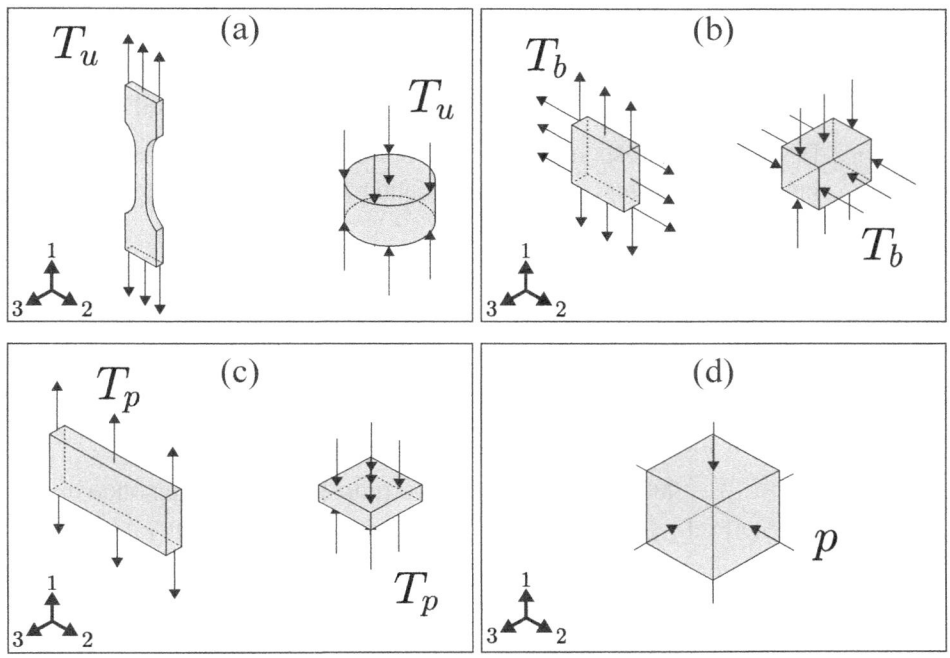

Figura 1.9 *Ilustración esquemática de los modos de deformación en probetas de material: (a) ensayo uniaxial para tensión (izquierda) y para comprensión (derecha), (b) ensayo biaxial a tensión (izquierda) y compresión (derecha), (c) ensayo planar a tensión (izquierda) y compresión (derecha), y (d) ensayo volumétrico.*

Los cuatro tipos principales de ensayos mecánicos en elastómeros son: (i) ensayos uniaxiales, (ii) ensayos biaxiales, (iii) ensayos planares, y (iv) ensayos volumétricos. Cada uno de estos se presenta a continuación.

1.4.3. Ensayos uniaxiales

Los ensayos uniaxiales implican la aplicación de una carga de tensión o compresión a lo largo de una única dirección principal, véase Figura 1.9 (a). En el caso de la tensión, se utilizan probetas planas de sección rectangular, mientras que para las pruebas de compresión se emplean especímenes con geometría cilíndrica o cúbica. Existen normas y estándares para los ensayos uniaxiales en elastómeros. A continuación se enumeran algunos de ellos:

1. Estándares de ensayos a tensión:

    • ASTM D412 — Standard Test Methods for Vulcanized Rubber and Thermoplastic Elastomers—Tension.

- ISO 37 — Rubber, vulcanized or thermoplastic — Determination of tensile stress-strain properties.

- ASTM D638 — Standard Test Method for Tensile Properties of Plastics.

- DIN 53504 — Testing of rubber - Determination of tensile strength at break, tensile stress at yield, elongation at break and stress values in a tensile test.

2. Estándares de ensayos a compresión:

- ASTM D575 — Standard Test Methods for Rubber Properties in Compression.

- ISO 7743 — Rubber, vulcanized or thermoplastic — Determination of compression stress-strain properties.

- ISO 815-1 — Rubber, vulcanized or thermoplastic — Determination of compression set — Part 1: At ambient or elevated temperatures.

- ASTM D395 — Standard Test Methods for Rubber Property — Compression Set.

1.4.4. Ensayos biaxiales

Los ensayos biaxiales evalúan la respuesta del material al ser estirado simultáneamente en dos direcciones perpendiculares, véase Figura 1.9 (b). Aunque no existen normas estandarizadas específicas para los ensayos biaxiales en elastómeros, estos ensayos son cruciales para comprender el comportamiento anisotrópico y la resistencia bajo cargas multidireccionales. Las técnicas comunes incluyen el uso de probetas cruciformes o anulares en máquinas de ensayo adaptadas.

1.4.5. Ensayos planares

En los ensayos planares, se aplica carga en dos direcciones dentro de un plano, pero no necesariamente con igual magnitud, véase Figura 1.9 (c). Estos ensayos son importantes para analizar las propiedades mecánicas de los elastómeros en aplicaciones donde las deformaciones no son uniformes. La configuración del ensayo puede variar significativamente dependiendo del objetivo específico del estudio y, por lo general, requiere de sistemas de sujeción y medición a modo (del tipo custom).

1.4.6. Ensayos volumétricos

Los ensayos volumétricos implican la aplicación de carga en todas las direcciones para comprender la compresibilidad y el módulo volumétrico del material, véase

Figura 1.9 (d). Estos ensayos suelen realizarse mediante técnicas de compresión hidrostática, utilizando cámaras especiales que permiten una aplicación uniforme de presión. Aunque técnicamente desafiantes, son fundamentales para evaluar el comportamiento de elastómeros en condiciones de presión isotrópica.

1.5. Resumen

Este capítulo introdujo formalmente los elastómeros tal como se definen en la literatura contemporánea. Se exploró su origen y cómo se clasifican dentro de la categoría más amplia de los polímeros. Además, se discutieron las pruebas y ensayos que son esenciales para el sector de la ingeniería, los cuales ayudan a entender mejor sus propiedades y comportamientos.

En los capítulos siguientes, se profundizará en las teorías elásticas aplicables a los elastómeros, con un enfoque particular en la *hiperelasticidad* y su fundamentación matemática. Esta teoría engloba una variedad de modelos y proposiciones formales diseñadas para predecir la respuesta mecánica de los elastómeros cuando estos exhiben un comportamiento que supera las características típicamente elásticas.

Referencias

1. Askeland, D., y Wright, W. J. (2013). Essentials of Materials Science and Engineering (Tercera ed.). Mason: Cengage Learning.

2. Bird, J. O., y Chivers, P. J. (1993). The structure of materials. En J. O. Bird, y P. J. Chivers, Newnes Engineering and Physical Science Pocket Book (págs. 493-503). Butterworth-Heinemann Ltd.

3. Busch, J. (2001). Polymers and Polymer Composites. En K. J. Buschow, M. C. Flemings, E. J. Kramer, P. Veyssière, R. W. Cahn, B. Ilschner, y S. Mahajan, Encyclopedia of Materials: Science and Technology (págs. 7638-7642). Pergamon.

4. Coreño-Alonso, J., y Méndez-Bautista, M. T. (2010). Relación estructura-propiedades de polímeros. Educación Química, 291-299.

5. Dosière, M. (1993). Crystallization of Polymers. Dordrecht: Springer.

6. Ebnesajjad, S. (2016). Introduction to Plastics. En E. Baur, K. Ruhrberg, y W. Woishnis, Chemical Resistance of Engineering Thermoplastics (págs. xiii-xxv). Norwich: William Andrew.

7. Gnanou, Y., y Fontanille, M. (2007). Organic and Physical Chemistry of Polymers. Pittsboro: Wiley-Interscience.

8. Mathauer, K., Frank, E., y Wegner, G. (1989). Structure, Properties and Applications of Polymeric Langmuir–Blodgett Films. En G. Allen, y J. C. Bevington, Comprehensive Polymer Science and Supplements (págs. 449-470). Londres: Pergamon Press.

9. Rault, J. (1978). Crystallization of polymers. Journal of Macromolecular Science, Part B, 15(4), 567-593.

10. Rudin, A., y Choi, P. (2013). The Elements of Polymer Science & Engineering. San Diego: Academic Press is an imprint of Elsevier.

11. Speight, J. G. (2011). Monomers, Polymers, and Plastics. En J. G. Speight, Handbook of Industrial Hydrocarbon Processes (págs. 499-537). Oxford: Gulf Professional Publishing.

12. Ward, I. M., y Sweeney, J. (1993). An Introduction to the Mechanical Properties of Solid Polymers, (Second ed.). Nueva York: John Wiley & Sons Ltd.

13. Young, R. J., y Lovell, P. A. (1991). Introduction to Polymers, Second edition. Londres: Springer-Science Business Media.

## Capítulo 2

Vectores y tensores

El estudio avanzado de la deformación y el esfuerzo en materiales se realiza mediante el *análisis tensorial*. Por esto, el propósito de este capítulo es introducir al lector las reglas fundamentales y las bases del álgebra y del cálculo tensorial, proporcionando las herramientas necesarias para abordar los conceptos y modelos que se discutirán en los capítulos subsiguientes.

Cabe señalar que algunos segmentos de este capítulo se presentan sin una demostración matemática completa, ya que detenerse en tales demostraciones excede el objetivo y alcance de este libro. Por ello, se recomienda a los lectores interesados consultar las fuentes citadas para obtener un entendimiento más profundo. Sin embargo, el contenido presentado aquí es esencial y provee una base sólida para comenzar a trabajar con los objetos matemáticos predominantes en el análisis de esfuerzos y deformaciones: los tensores.

2.1. Notación

A menos que se especifique de otra manera, los *escalares* se denotarán con letras minúsculas del abecedario latino o griego como sigue:

$$\alpha, \beta, \delta; \quad a, b, c \quad \dots \text{ (escalares).} \tag{2.1}$$

Los vectores (o *tensores de primer orden*) serán referidos con letras minúsculas en negrita del abecedario latino:

$$\mathbf{a}, \mathbf{b}, \mathbf{c} \quad \dots \text{ (vectores)} \tag{2.2}$$

Luego, los *tensores de segundo orden* se denotarán con letras mayúsculas del abecedario latino y en negritas:

$$\mathbf{A}, \mathbf{B}, \mathbf{C} \qquad \dots \text{ (tensores de segundo orden).} \qquad (2.3)$$

Además, sí es el caso de su mención, se hará una distinción de los *tensores de tercer orden* y de *tensores de cuarto orden* con letras mayúsculas del abecedario latino en caracteres de tipo caligráficos y caracteres de pizarra[1] respectivamente:

$$\mathcal{A}, \mathcal{B}, \mathcal{C} \qquad \dots \text{ (tensores de tercer orden),} \qquad (2.4)$$

$$\mathbb{A}, \mathbb{B}, \mathbb{C} \qquad \dots \text{ (tensores de cuarto orden).} \qquad (2.45)$$

Por ejemplo, una expresión pudiese contener dos vectores $\mathbf{v}$ y $\mathbf{w}$ y un escalar u, tal que:

$$\mathbf{v} = u\mathbf{w}. \qquad (2.6)$$

2.2. Escalares

Muchas propiedades físicas, como la temperatura, la densidad, la masa o el tiempo, se pueden describir por un único valor numérico. Además, estos valores, y en función de la escala adoptada, también pueden ser positivos o negativos. En estos casos, a los valores que se usan para representar propiedades con un solo número se les conoce como *escalares*.

Por otra parte, cuando se tienen dos o más escalares medidos bajo el mismo sistema de unidades (por ejemplo, la temperatura), estos obedecen a las operaciones aritméticas básicas, tales como la *adición*, la *sustracción*, la *multiplicación* y la *división*.

En el siguiente programa de Python se definen dos escalares, a y b, ambos del tipo flotante *float*. Luego, a partir de ellos, se calcula el valor de un tercer escalar c:

```
a = 5.0 # escalar
b = 3.0 # escalar
c = a + b
```

print("La suma de a y b es", c)

---

1. Del término en inglés *blackboard*

En el lenguaje de programación Python, los escalares pueden ser también del tipo entero *int*. Sin embargo, por conveniencia, a lo largo del texto todos los escalares que sean programados serán tratados como variables del tipo flotante *float*, y a menos que se indique lo contrario, los tensores de ordenes mayores serán tratados con ese mismo tipo de variable.

2.3. Vectores

Los escalares son entidades muy útiles que permiten representar ciertas cantidades físicas de manera eficiente con un solo número. Sin embargo, existen propiedades o cantidades físicas que no pueden describirse adecuadamente con este tipo de objetos matemáticos; ejemplos de estas son la velocidad, la fuerza y la aceleración, ya que requieren tanto de una magnitud como de una dirección para ser definidas completamente. Por ejemplo, la fuerza necesita una magnitud y una dirección de acción para su definición completa y, en consecuencia, para un análisis matemático correcto. En estos casos, para este tipo de cantidades físicas, se utilizan los *vectores*, que también son *tensores de primer orden*.

Gráficamente, los vectores pueden ser representados como flechas dirigidas en el espacio. Por ejemplo, consideremos un vector **u**, el cual se representa gráficamente mediante una flecha que apunta hacia una dirección específica en un espacio definido, como lo puede ser una base cartesiana en tres dimensiones con un origen definido (véase, por ejemplo, el caso de la Figura 2.1). Además, la longitud de esta flecha es proporcional a la magnitud del vector.

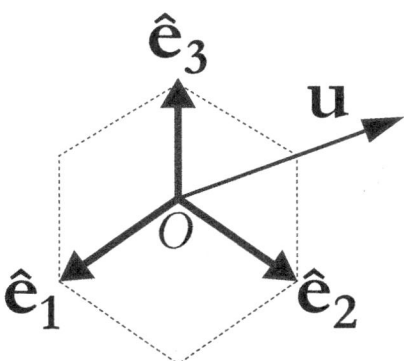

Figura 2.1 *Representación de un vector.*

Por otra parte, todo vector puede ser descrito, a su vez, como una combinación lineal de tres vectores ortogonales entre sí, representados por $\hat{\mathbf{e}}_1$, $\hat{\mathbf{e}}_2$, y $\hat{\mathbf{e}}_3$ (refiérase a la Figura 2.1). Así, se tiene que $\mathbf{u}$ está definido por:

$$\mathbf{u} = u_1\hat{\mathbf{e}}_1 + u_2\hat{\mathbf{e}}_2 + u_3\hat{\mathbf{e}}_3, \tag{2.7}$$

donde u_1, u_2 y u_3 ($\{u_i\}_{i=1,2,3}$) son las *componentes cartesianas del vector* $\mathbf{u}$, y estas se determinan de forma única a lo largo de las direcciones dadas por $\hat{\mathbf{e}}_1$, $\hat{\mathbf{e}}_2$, y $\hat{\mathbf{e}}_3$ respectivamente. Además, las componentes para cada uno de los vectores $\{\hat{e}\}_{i=1,2,3}$ son:

$$\hat{\mathbf{e}}_1 = (1, 0, 0), \tag{2.8}$$

$$\hat{\mathbf{e}}_2 = (0, 1, 0), \tag{2.9}$$

$$\hat{\mathbf{e}}_3 = (0, 0, 1), \tag{2.10}$$

donde el origen es O y se ubica en (0,0,0).

Los vectores $\{\hat{e}\}_{i=1,2,3}$ también son llamados *vectores base*, o *vectores unitarios*, pues constituyen una *base cartesiana*.

También existe una forma alternativa para representar un vector a través de la *notación indicial*. Para efectos ilustrativos, tómese la Ecuación 2.7, la cual puede ser reescrita como sigue:

$$\mathbf{u} = \sum_{i=1}^{3} u_i\hat{\mathbf{e}}_i, \tag{2.11}$$

donde $i \in \{1, 2, 3\}$. Además, de acuerdo con la *convención de Einstein*,[2] cuando se tienen índices repetidos como en la suma de la Ecuación 2.7, la ecuación se puede condensar en la siguiente expresión:

$$\mathbf{u} = u_i\hat{\mathbf{e}}_i. \tag{2.12}$$

2. En general, la convención de Einstein dice que, a menos que se indique lo contrario, cuando se repite un índice en el mismo término, entonces se asume una suma para el rango de dicho índice tal como está presentado en la Ecuación 2.12.

Cuando dos vectores, $\mathbf{a}$ y $\mathbf{b}$, tienen una misma dirección y magnitud, se dice que son equivalentes, esto es, $\mathbf{a} = \mathbf{b}$. También, dos o más vectores sólo pueden ser comparados entre si sí ambos poseen el mismo significado físico o geométrico (no es posible, por ejemplo, comparar una velocidad con una aceleración).

Por ejemplo, en Python, un vector arbitrario $\mathbf{v}$ con componentes $(5, 3, 6)$ se crea a través de un arreglo usando la librería NumPy, tal como se ilustra en el siguiente código:

```
# importar la libreria NumPy
import numpy as np

# Crear el vector a de componentes (5, 3, 6)
# punto decimal para indicar valores del tipo
# flotante
v = np.array([5., 3., 6.])

# imprime el vector v en pantalla
print(v)

# imprime el tipo de variable
# del v en pantalla
print(type(v))
```

WWEl vector $\mathbf{v}$ del anterior código implica que posee cinco unidades en $\hat{\mathbf{e}}_1$, tres unidades en $\hat{\mathbf{e}}_2$, y seis unidades en $\hat{\mathbf{e}}_3$, tal que una forma de describirlo es a través de la siguiente expresión:

$$\mathbf{v} = 5\hat{\mathbf{e}}_1 + 3\hat{\mathbf{e}}_2 + 6\hat{\mathbf{e}}_3. \tag{2.13}$$

2.3.1. Norma de un vector

La longitud de un vector $\mathbf{u}$, también llamada como *norma de un vector*, está definida por la siguiente expresión:

$$|\mathbf{u}| = \sqrt{\mathbf{u} \cdot \mathbf{u}} = \sqrt{u_i u_i} = \sqrt{u_1^2 + u_2^2 + u_3^2}. \tag{2.14}$$

Usando el ejemplo del vector $\mathbf{v}$ con componentes $(5, 3, 6)$, su norma puede obtenerse en NumPy con la función *linalg.norm*[3] como se muestra en el siguiente código:

---

3. *linealg* es un módulo de Álgebra Líneal de NumPy.

```
import numpy as np
# Crear el vector v de componentes (5, 3, 6)
# punto decimal para indicar valores del tipo
# flotante
v = np.array([5., 3., 6.])
norma _ v = np.linalg.norm(v)

# imprime la norma de v
print(norma _ v)

# imprime el tipo de variable del la
# norma de v en pantalla
print(type(norma _ v))
```

2.3.2. Suma y resta de dos vectores

Dos vectores **u** y **v** se pueden sumar o restar por la adición o sustracción de sus componentes como sigue:

$$\mathbf{u} + \mathbf{v} = \sum_{i=1}^{3} (u_i + v_i)\hat{\mathbf{e}}_i, \qquad (2.15)$$

$$\mathbf{u} - \mathbf{v} = \sum_{i=1}^{3} (u_i - v_i)\hat{\mathbf{e}}_i. \qquad (2.16)$$

Se puede hacer uso de la función *add* de la librería NumPy para llevar a cabo la adición o bien, *subtract* para hacer una diferencia, mismas que toman como argumento[4] dos arreglos en NumPy, y cumplen con el propósito de sumarlos o restarlos para obtener un nuevo vector. Tómese el siguiente ejemplo:

```
import numpy as np

# Crear el vector u de componentes (2, 1, 2)
# punto decimal para indicar valores del tipo
# flotante
u = np.array([2., 1., 2.])

# Crear el vector v de componentes (5, 3, 6)
# punto decimal para indicar valores del tipo
# flotante
v = np.array([5., 3., 6.])
```

---

4. En programación, se entiende como *argumento* a las variables, constantes u objetos que toma una función, y que van dentro del paréntesis de la misma cuando es llamada.

```
# uso de la funcion 'add'
w = np.add(u, v)

# imprime el vector w
print(w)
```

Ambos códigos dan como resultado un vector **w** con las siguientes componentes:

$$\mathbf{w} = 7\hat{\mathbf{e}}_1 + 4\hat{\mathbf{e}}_2 + 8\hat{\mathbf{e}}_3.$$ (2.17)

2.3.3. Multiplicación de un vector por un escalar

La multiplicación de un escalar por un vector es una operación dada por:

$$\mathbf{u} - \mathbf{v} = \sum_{i=1}^{3}(u_i - v_i)\hat{\mathbf{e}}_i.$$ (2.18)

Usando un arreglo NumPy, la multiplicación de un escalar $a = 3$ por un vector $\mathbf{u} = 2\hat{\mathbf{e}}_1 + 1\hat{\mathbf{e}}_2 + 2\hat{\mathbf{e}}_3$ se obtiene tal como se muestra en el siguiente código:

```
import numpy as np

# Crear un escalar a
a = 3.

# Crear el vector u de componentes (2, 1, 2)
u = np.array([2., 1., 2.])

# se almacena en v la multiplicacion de a*v
v = a * u

# imprime el vector v
print(v)
```

2.3.4. Multiplicación de vectores

Existen las siguientes formas de multiplicar vectores entre sí:

1. *Producto-punto*, o también llamado como *producto-escalar*.

2. *Producto-cruz*, o también llamado como *producto-vectorial*.

3. *Triple-producto-escalar*.

4. *Doble-producto-vectorial*, o también llamado por diversos autores como *triple-producto-vectorial*.

Producto-punto. Esta operación está definida por la siguiente expresión:

$$\mathbf{u} \cdot \mathbf{v} = u_k v_k = u_1 v_1 + u_2 v_2 + u_3 v_3 = |\mathbf{u}||\mathbf{v}| \cos \theta \quad \text{(2.19)}$$

donde θ es igual al ángulo existente entre los vectores $\mathbf{u}$ y $\mathbf{v}$ (véase Figura 2.2).

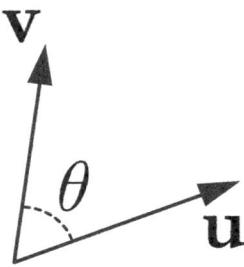

Figura 2.2 *Ángulo entre dos vectores.*

El producto-punto se interpreta como la multiplicación de la norma de los vectores $\mathbf{u}$ y $\mathbf{v}$ por el coseno del ángulo existente entre ellos, de tal suerte que es la magnitud del vector $\mathbf{u}$ por la proyección de $\mathbf{v}$ en la dirección de $\mathbf{u}$, o viceversa. Además, el producto-punto también tiene la propiedad de ser conmutativo, esto es:

$$\mathbf{u} \cdot \mathbf{v} = \mathbf{v} \cdot \mathbf{u}. \quad \text{(2.20)}$$

También es una operación distributiva, tal que:

$$\mathbf{u} \cdot (\mathbf{v} + \mathbf{w}) = \mathbf{v} \cdot \mathbf{u} + \mathbf{v} \cdot \mathbf{w}. \quad \text{(2.21)}$$

Es interesante resaltar que el producto-punto entre cualquier combinación de dos de los vectores unitarios puede resumirse usando el operador *Delta de Kronecker* δ_{ij} de la siguiente manera:

$$\hat{\mathbf{e}}_\mathbf{i} \cdot \hat{\mathbf{e}}_\mathbf{j} = \delta_{ij} = \begin{cases} 1, & \text{sí } i = j, \\ 0, & \text{sí } i \neq j. \end{cases} \quad \text{(2.22)}$$

La Delta de Kronecker es un operador que posee las siguientes propiedades:

$$\begin{aligned} \delta_{ii} &= 3 \\ \delta_{ij} u_j &= u_i \\ \delta_{ij} \delta_{jk} &= \delta_{ik} \end{aligned} \quad \text{(2.23)}$$

En NumPy, el producto-punto entre dos vectores puede lograrse haciendo uso de la función *inner* como lo demuestra el siguiente código:

```
import numpy as np

# Crear los vectores u y v
u = np.array([1., 0.5, 3.])
v = np.array([4., -4., 1.])

# producto-punto de u y v
a = np.inner(u, v)

print(a)
```

Producto-cruz. Dados dos vectores **u** y **v**, esta operación se define mediante la siguiente expresión:

$$\mathbf{u} \cdot (\mathbf{v} + \mathbf{w}) = \mathbf{v} \cdot \mathbf{u} + \mathbf{v} \cdot \mathbf{w}. \tag{2.24}$$

donde **w** es un vector que resulta del producto vectorial de **u** y v . En forma expandida, este producto se obtiene como sigue:

$$\mathbf{u} \times \mathbf{v} = (u_2 v_3 - u_3 v_2)\hat{\mathbf{e}}_1 + (-u_1 v_3 + u_3 v_1)\hat{\mathbf{e}}_2 + (u_1 v_2 - u_2 v_1)\hat{\mathbf{e}}_3. \tag{2.25}$$

Tal como se presenta en la Ecuación 2.24, el producto-cruz de dos vectores resulta en un nuevo vector, y su interpretación geométrica viene a ser un vector ortogonal al plano generado por los vectores involucrados, el cual posee una dirección contraria a las manecillas del reloj tomando en cuenta las direcciones que se forman con **u** y **v**. Esto último es también conocido como regla de la mano derecha, y se usa para determinar la dirección de **w** (véase Figura 2.3).

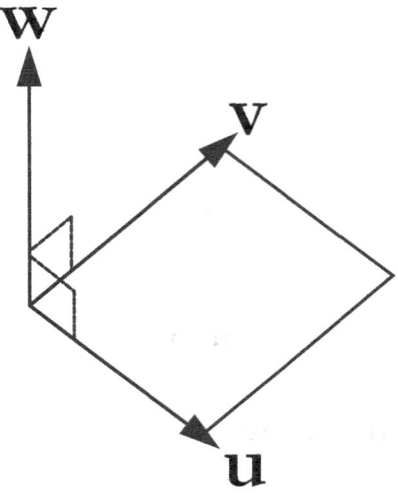

Figura 2.3 *Representación gráfica del producto-cruz.*

Además, contrario al producto-punto, el producto-cruz *no es conmutativo*, pero sí es distributivo, tal que:

$$\mathbf{t} \times (\mathbf{v} + \mathbf{u}) = \mathbf{tu} + \mathbf{tv}. \tag{2.26}$$

En referencia a la Ecuación 2.26, esta se puede escribir en *notación indicial* a través del operador de Levi-Civita ε_{ijk} tal como sigue:

$$\mathbf{u} \times \mathbf{v} = u_i v_j \varepsilon_{ijk} \hat{\mathbf{e}}_k, \tag{2.27}$$

donde ε_{ijk} es el símbolo de permutación, que posee las siguientes propiedades:

$$\varepsilon_{ijk} = \begin{cases} +1 & \text{sí } (i,j,k) \text{ es } (1,2,3),(2,3,1), \text{ o } (3,1,2), \\ -1 & \text{sí}(i,j,k) \text{ es } (3,2,1),(1,3,2), \text{ o } (2,1,3), \\ 0 & \text{sí } i=j, \text{ es } j=k, \text{ o } k=i \end{cases} \tag{2.28}$$

Tenga en cuenta que ε_{ijk} puede ser expandido a 27 componentes, pero cuando hay una repetición de alguno de sus índices, se hace nulo el término que viene acompañado del mismo.

En NumPy, el producto-cruz se puede llevar a cabo mediante la función *cross*. Por ejemplo, dados dos vectores $\mathbf{u} = (1, 2, 2)$ y $\mathbf{v} = (1, 1, 3)$, el producto-cruz $\mathbf{u} \times \mathbf{v}$ puede llevarse a cabo tal como se muestra en el siguiente código:

```python
import numpy as np

# Crear el vector u
u = np.array([1., 2., 2.])

# Crear el vector v
v = np.array([1., 1., 3.])

# Producto cruz u y v
w = np.cross(u, v)

print(w)
```

que da como resultado un nuevo vector $\mathbf{w}$:

$$\mathbf{w} = 4\,\hat{\mathbf{e}}_1 - 1\,\hat{\mathbf{e}}_2 - 1\,\hat{\mathbf{e}}_3. \tag{2.29}$$

Triple-producto-escalar. Este tipo de operación se representa por la siguiente expresión:

$$\begin{aligned}
a &= (\mathbf{u} \times \mathbf{v}) \cdot \mathbf{w} \\
&= (\mathbf{v} \times \mathbf{w}) \cdot \mathbf{u} \\
&= (\mathbf{w} \times \mathbf{u}) \cdot \mathbf{v},
\end{aligned} \tag{2.30}$$

donde a es el resultado de dicho producto, y es un escalar que representa el volumen generado por $\mathbf{u}$, $\mathbf{v}$ y $\mathbf{w}$ (ver Figura 2.4), tal que:

$$\begin{aligned}
a &= |\mathbf{u} \times \mathbf{v}||\mathbf{w}|\,\cos\delta \\
&= |\mathbf{u}||\mathbf{v}|\,\sin\theta|\mathbf{w}|\,\cos\delta,
\end{aligned} \tag{2.31}$$

donde δ es el ángulo existente entre el producto-cruz de los vectores $\mathbf{u}$ y $\mathbf{v}$, y el el vector $\mathbf{w}$.

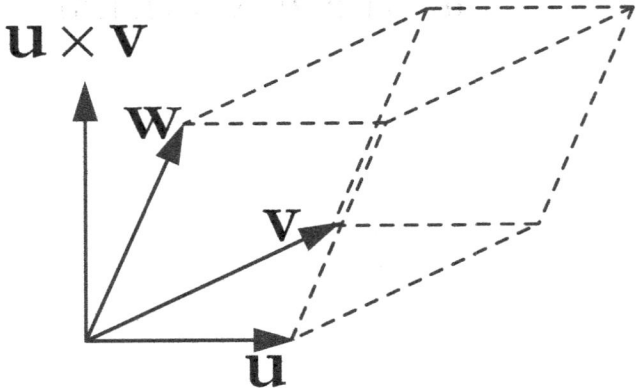

Figura 2.4 *Representación gráfica triple-producto-escalar.*

Usando la notación indicial, el triple producto escalar puede definirse como:

$$a = \varepsilon_{ijk} u_i v_j w_k$$
$$= (u_2 v_3 - u_3 v_2) w_1 + (u_3 v_1 - u_1 v_3) w_2 \qquad (2.32)$$
$$+ (u_1 v_2 - u_2 v_1) w_3.$$

Asimismo, el triple producto escalar puede ser también descrito por el determinante formado por los tres vectores involucrados, tal como:

$$(\mathbf{u} \times \mathbf{v}) \cdot \mathbf{w} = \det \begin{bmatrix} u_1 & v_1 & w_1 \\ u_2 & v_2 & w_2 \\ u_3 & v_3 & w_3 \end{bmatrix}, \qquad (2.33)$$

En NumPy, para obtener el triple producto escalar de tres vectores, se pueden combinar las funciones *cross* y *dot*. Por ejemplo, suponga los siguientes vectores:

$$\mathbf{u} = 1\,\hat{\mathbf{e}}_1 + 2\,\hat{\mathbf{e}}_2 + 2\,\hat{\mathbf{e}}_3$$
$$\mathbf{v} = 1\,\hat{\mathbf{e}}_1 + 1\,\hat{\mathbf{e}}_2 + 3\,\hat{\mathbf{e}}_3 \qquad (2.34)$$
$$\mathbf{w} = 2\,\hat{\mathbf{e}}_1 + 2\,\hat{\mathbf{e}}_2 + 4\,\hat{\mathbf{e}}_3,$$

sí se implementa el siguiente código en Python es posible obtener directamente el valor del triple producto escalar, almacenado en una constante a, de los vectores $\mathbf{u}$, $\mathbf{v}$, y $\mathbf{w}$:

```python
import numpy as np

# Crea los siguientes vectores
u = np.array([1., 2., 2.])
v = np.array([1., 1., 3.])
w = np.array([2., 2., 4.])

# Triple producto escalar
a = np.dot(np.cross(u, v), w)

print(a)
```

Al igual que se hizo en el código del triple-producto-escalar, se juega con los argumentos de la función cross para implicar primero un producto-cruz entre $\mathbf{v}$ y $\mathbf{w}$, y a su vez, el producto-cruz de $\mathbf{u}$ con ello.

Doble-producto-vectorial. Esta operación se refiere a una expresión que involucra el producto de tres vectores:

$$\mathbf{u} \times (\mathbf{v} \times \mathbf{w}). \tag{2.35}$$

El doble-producto-vectorial no es asociativo, esto es:

$$\mathbf{u} \times (\mathbf{v} \times \mathbf{w}) \neq (\mathbf{u} \times \mathbf{v}) \times \mathbf{w}, \tag{2.36}$$

por tal razón, el uso de los paréntesis es esencial, pues dependiendo de ello, el resultado del doble-producto-vectorial es un nuevo vector que se interpreta como un vector contenido en el plano formado por $\mathbf{v}$ y $\mathbf{w}$ sí es el caso del lado izquierdo de la expresión 2.36; o bien un vector contenido en el plano formado por $\mathbf{u}$ y $\mathbf{v}$ para el caso del lado derecho. Esta operación también puede reescribirse por mediop del operador de Levi-Civita, tal que:

$$
\begin{aligned}
\mathbf{u} \times (\mathbf{v} \times \mathbf{w}) &= \varepsilon_{ijk} u_i (\varepsilon_{mnj} v_m w_n) \mathbf{e}_k \\
&= (\delta_{km}\delta_{in} - \delta_{kn}\delta_{im}) u_i v_m w_n \mathbf{e}_k \\
&= u_n v_k w_n \mathbf{e}_k - u_m v_m w_k \mathbf{e}_k \\
&= (\mathbf{u} \cdot \mathbf{w})\mathbf{v} - (\mathbf{u} \cdot \mathbf{v})\mathbf{w}
\end{aligned}
\tag{2.37}
$$

En NumPy es posible usar la función *cross* para llevar a cabo el doble-producto-vectorial. Por ejemplo, suponga los siguientes vectores:

$$\mathbf{u} = 1\ \hat{\mathbf{e}}_1 + 2\ \hat{\mathbf{e}}_2 + 2\ \hat{\mathbf{e}}_3$$
$$\mathbf{v} = 1\ \hat{\mathbf{e}}_1 + 1\ \hat{\mathbf{e}}_2 + 3\ \hat{\mathbf{e}}_3 \qquad\qquad (2.38)$$
$$\mathbf{w} = 2\ \hat{\mathbf{e}}_1 + 2\ \hat{\mathbf{e}}_2 + 4\ \hat{\mathbf{e}}_3,$$

sí se implementa el siguiente código en Python es posible obtener directamente el valor del doble-producto-vectorial $\mathbf{u} \times (\mathbf{v} \times \mathbf{w})$, almacenado en un vector $\mathbf{x}$:

```python
import numpy as np

# Crea los siguientes vectores
u = np.array([1., 2., 2.])
v = np.array([1., 1., 3.])
w = np.array([2., 2., 4.])

# Doble-producto-vectorial
a = np.cross(u, np.cross(v, w))

print(a)
```

El resultado del anterior código es un nuevo vector $\mathbf{x}$:

$$\mathbf{x} = -4\ \hat{\mathbf{e}}_1 - 4\ \hat{\mathbf{e}}_2 + 6\ \hat{\mathbf{e}}_3. \qquad\qquad (2.39)$$

2.4. Tensores

En las secciones anteriores, se mencionó que los escalares y los vectores son, respectivamente, un tensor de orden cero y un tensor de primer orden. Esto plantea la pregunta: *¿a qué se refiere 'orden' en este contexto y qué es realmente un tensor?*

Supongamos un conjunto de números cuyo tamaño está definido por 3^n, donde n es el orden o rango del tensor[5] y el número 3 hace referencia al espacio tridimensional y a la base elegida.[6] Por ejemplo, el tamaño de un conjunto de un solo elemento (como un escalar) está dado por:

---

5. También llamado dimensión.
6. Este es un caso especial de un tensor en el espacio euclidiano. Por ejemplo, en Relatividad General se elige una base de cuatro dimensiones, por lo tanto, el rango de un tensor viene dado por 4 elevado a la potencia n.

$$3^0 = 1, \tag{2.40}$$

lo cual indica que este conjunto tiene un tamaño total de 1, característico de una cantidad física como la masa de un cuerpo.

Consideremos ahora el caso concreto de un vector, que puede definirse mediante tres componentes respecto a una base de un sistema cartesiano en tres dimensiones.[7] El tamaño de un vector está dado por:

$$3^1 = 3, \tag{2.41}$$

que coincide con el número de componentes necesarias para definir un vector en la base dada por los vectores unitarios $\{\hat{\mathbf{e}}_\mathbf{i}\}_{i=1,2,3}$. Entonces, se puede afirmar sucintamente que *un tensor es un conjunto de componentes en un espacio con una base vectorial definida.*

Por otra parte, un tensor es invariante ante un cambio de base. Esto significa que las propiedades que representa (como la magnitud y dirección de una fuerza) son constantes, independientemente del sistema de referencia. Sin embargo, sus componentes deben recalcularse si se cambia de una base $\{\hat{\mathbf{e}}_\mathbf{i}\}_{i=1,2,3}$ a otra $\{\hat{\mathbf{e}}'_\mathbf{i}\}_{i=1,2,3}$. Esta característica permite analizar la misma cantidad física desde diferentes marcos de referencia.

En un espacio euclidiano, un tensor de base vectorial cartesiana es un objeto matemático de orden n y tamaño 3^n, utilizado para representar una cantidad física. Sin embargo, un tensor puede ser un objeto más generalizado, dependiendo del espacio y la base en que se defina.

2.4.1. Tensores de segundo orden

Un tensor $\mathbf{A}$ de segundo orden ($n = 2$), se representa a través de una matriz, tal que:

$$\mathbf{A} = \begin{bmatrix} A_{11} & A_{12} & A_{13} \\ A_{21} & A_{22} & A_{23} \\ A_{31} & A_{32} & A_{33} \end{bmatrix}, \tag{2.42}$$

---

7 . En nuestro caso, el sistema cartesiano con vectores base $\{\hat{\mathbf{e}}_\mathbf{i}\}_{i=1,2,3}$.

o en notación indicial con respecto a la base representada por $\{\hat{\mathbf{e}}_{\mathbf{i}}\}_{i=1,2,3}$: A_{ij}. Formalmente, y siguiendo la convención previamente mencionada, el tamaño del tensor $\mathbf{A}$ se obtiene como sigue:

$$3^2 = 9 \tag{2.43}$$

Un tensor de segundo orden puede también ser interpretado como un *operador lineal* de un vector $\mathbf{u}$ tal que genera un nuevo vector $\mathbf{v}$:

$$\mathbf{v} = \mathbf{A}\mathbf{u}, \tag{2.44}$$

o en notación indicial:

$$v_i = A_{ij}u_j\hat{\mathbf{e}}_{\mathbf{j}}. \tag{2.45}$$

En la Ecuación 2.45, dado que $\mathbf{A}$ es lineal, se tiene la siguiente propiedad:

$$\mathbf{A}(\alpha\mathbf{u} + \mathbf{v}) = \mathbf{A}\alpha\mathbf{u} + \mathbf{A}\mathbf{u}. \tag{2.46}$$

Las ecuaciones 2.45 y 2.46 indican que un tensor de segundo orden actúa como un operador que *transforma* un vector en un nuevo vector.

La transpuesta de un tensor de segundo orden, denotada por $\mathbf{A}^{\top}$, es una operación que intercambia los índices de sus componentes. Si el tensor original es A_{ij}, entonces su transpuesta $\mathbf{A}^{\top}$ tiene componentes A_{ji}, como se muestra en la siguiente ecuación:

$$(A_{ij})^{\top} = A_{ji}, \tag{2.47}$$

Esta operación también cumple que para cualquier par de vectores $\mathbf{u}$ y $\mathbf{v}$, se tiene:

$$\mathbf{v} \cdot \mathbf{A}^{\top}\mathbf{u} = \mathbf{u} \cdot \mathbf{A}\mathbf{v}, \tag{2.48}$$

Además, un tensor $\mathbf{A}$ es *definido positivo* si $\mathbf{v} \cdot \mathbf{A}\mathbf{v} > 0$ para todo vector $\mathbf{v}$ no nulo. Es *semidefinido positivo* si $\mathbf{v} \cdot \mathbf{A}\mathbf{v} \geq 0$. De manera similar, se tienen tensores *definidos negativos* o *semidefinidos negativos* si estas relaciones son menores que cero.

La propiedad de la transpuesta de un producto tensorial se expresa como:

$$(\mathbf{AB})^\top = \mathbf{B}^\top \mathbf{A}^\top. \tag{2.49}$$

Esta propiedad es importante para operaciones que involucran múltiples tensores.

En Python, al igual que sucede con los vectores, se puede usar la función *array* de NumPy para definir un tensor, que toma como argumento una estructura similar a la que se presenta en la Ecuación 2.39:

```python
import numpy as np

# Crea el tensor A de
A = np.array([[1., 2., 3.],
              [4., 5., 6.],
              [7., 8., 9.]])

print(A)
```

En las siguientes secciones se presentarán primero las nociones, propiedades y bases de los tensores de segundo-orden. Luego, se presenta una breve mención de tensores de ordenes mayores y, finalmente, el resto del capítulo se dedica a algunos teoremas y reglas del cálculo tensorial que son importantes para el estudio de la mecánica del medio continuo en los materiales.

2.4.2. Álgebra de tensores

La suma y la resta de dos tensores $\mathbf{A}$ y $\mathbf{B}$ está definida por la siguiente identidad:

$$(\mathbf{A} \pm \mathbf{B})\mathbf{u} = \mathbf{A}\mathbf{u} \pm \mathbf{B}\mathbf{u}. \tag{2.50}$$

En NumPy, las operaciones de suma y resta se pueden realizar usando los operadores matemáticos de adición + o sustracción -.

El siguiente código presenta un ejemplo de suma y resta de dos tensores:

```python
import numpy as np

# Crea un tensor A
A = np.array([[1., 2., 3.],
              [4., 5., 6.],
              [7., 8., 9.]])

# Crea un tensor B
B = np.array([[2., 1., 0.],
              [1., 2., 1.],
              [0., 1., 2.]])
```

```
# Asigna a la variable C la suma de A y B
C = A + B

# Asigna a la variable D la resta de A y B
D = A - B

print(C)
print(D)
```

Por otra parte, la multiplicación de un tensor de segundo orden por un escalar α está dada por:

$$(\alpha\mathbf{A})\mathbf{u} = \alpha(\mathbf{A}\mathbf{u}).$$
(2.51)

La operación de multiplicación de un escalar por un tensor de segundo orden se puede procesar en NumPy tal como se presenta en el siguiente código:

```
import numpy as np

# Crea un tensor A
A = np.array([[1., 2., 3.],
              [4., 5., 6.],
              [7., 8., 9.]])

# Crea un escalar b
b = 2.0

# Asigna a la variable C la multiplicacion
# del escalar b por el tensor A
C = A * b

print(C)
```

Considérese dos vectores arbitrarios $\mathbf{u}$ y $\mathbf{v}$ con una base común. El *producto tensorial* o *diada* entre estos vectores se denota por $\mathbf{u} \otimes \mathbf{v}$ y resulta en un tensor de segundo orden. Este tensor transforma linealmente un vector $\mathbf{w}$ en otro cuya dirección está determinada por $\mathbf{u}$, como se muestra a continuación:

$$(\mathbf{u} \otimes \mathbf{v})\mathbf{w} = \mathbf{u}(\mathbf{v} \cdot \mathbf{w}) = (\mathbf{v} \cdot \mathbf{w})\mathbf{u}.$$
(2.52)

La diada de $\mathbf{u}$ y $\mathbf{v}$ se puede representar intuitivamente mediante una matriz utilizando sus componentes:

$$\mathbf{u} \otimes \mathbf{v} = \begin{bmatrix} u_1 v_1 & u_1 v_2 & u_1 v_3 \\ u_2 v_1 & u_2 v_2 & u_2 v_3 \\ u_3 v_1 & u_3 v_2 & u_3 v_3 \end{bmatrix}.$$
(2.53)

Las siguientes identidades y propiedades son válidas para una diada:

$$(\alpha\mathbf{u} + \beta\mathbf{v}) \otimes \mathbf{w} = \alpha(\mathbf{u} \otimes \mathbf{w}) + \beta(\mathbf{v} \otimes \mathbf{w}), \quad (2.54)$$

$$\mathbf{u}(\mathbf{v} \otimes \mathbf{w}) = (\mathbf{u} \cdot \mathbf{v})\mathbf{w} = \mathbf{w}(\mathbf{u} \cdot \mathbf{v}), \quad (2.55)$$

$$(\mathbf{u} \otimes \mathbf{v})(\mathbf{w} \otimes \mathbf{x}) = (\mathbf{v} \cdot \mathbf{w})\mathbf{u} \otimes \mathbf{x}, \quad (2.56)$$

$$\mathbf{A}(\mathbf{u} \otimes \mathbf{v}) = (\mathbf{A}\mathbf{u}) \otimes \mathbf{v}. \quad (2.57)$$

Para los vectores $\mathbf{u} = 2\hat{\mathbf{e}}_1 + \hat{\mathbf{e}}_2 + 2\hat{\mathbf{e}}_3$ y $\mathbf{v} = \hat{\mathbf{e}}_1 + \hat{\mathbf{e}}_2 + \hat{\mathbf{e}}_3$, la diada puede calcularse en NumPy utilizando la función *outer* como sigue:

```
import numpy as np

# Crea los vectores u y v
u = np.array([[2., 1., 2.]])
v = np.array([[1., 1., 1.]])

# Asigna a la variable A la diada
# de u y v
A = np.outer(u, v)

print(A)
```

Es importante mencionar, además, que la diada no es conmutativa, esto es, $\mathbf{u} \otimes \mathbf{v} \neq \mathbf{v} \otimes \mathbf{w}$.

Todo tensor de segundo orden puede ser representado por una combinación lineal de diadas con coeficientes escalares.[8] Por ejemplo el tensor $\mathbf{A}$ puede representarse por medio de la siguiente identidad:

$$\mathbf{A} = A_{ij}\hat{\mathbf{e}}_\mathbf{i} \otimes \hat{\mathbf{e}}_\mathbf{j}. \quad (2.58)$$

Usando 2.50, se tiene entonces que 2.55 conduce a la expresión 2.42 que se indicó al inicio de esta sección.[9]

El *producto-punto entre dos tensores de segundo orden* está dado por:

---

8. También conocida como *diádica*.
9. La ecuación 2.42 es la forma cartesiana del tensor A. Mientras que el uso de la letra negrita en A indica su "forma invariante".

$$(\mathbf{AB})\mathbf{u} = \mathbf{A}(\mathbf{B})\mathbf{u} \qquad (2.59)$$

Finalmente, toda suma, multiplicación por escalares y productos puntos entre tensores de segundo orden viene caracterizada por propiedades de la áritmética, tal que:

$$\mathbf{A} + \mathbf{B} = \mathbf{B} + \mathbf{A}$$
$$\mathbf{A} + \mathbf{O} = \mathbf{A}$$
$$\mathbf{A} + (-\mathbf{A}) = \mathbf{O}$$
$$\mathbf{A} + (\mathbf{B} + \mathbf{C}) = (\mathbf{AB}) + \mathbf{C}$$
$$(\alpha\mathbf{A}) = \alpha(\mathbf{A}) \qquad (2.60)$$
$$(\mathbf{AB})\mathbf{C} = \mathbf{AB})\mathbf{C}$$
$$\mathbf{A}^2 = \mathbf{AA}$$
$$(\mathbf{A} + \mathbf{B})\mathbf{C} = \mathbf{AC} + \mathbf{BC}.$$

Además, es importante mencionar que el producto-punto de dos tensores de segundo orden no es conmutativo, es decir, $\mathbf{AB} \neq \mathbf{BA}$. También, dado un vector $\mathbf{u}$, entonces $\mathbf{Au} \neq \mathbf{uA}$

En NumPy, el producto-punto entre dos tensores puede llevarse a cabo usando la función *dot* tal como se muestra en el siguiente código:

```
import numpy as np

# Crea un tensor A
A = np.array([[1., 2., 3.],
              [4., 2., 2.],
              [2., 3., 4.]])

# Crea un tensor B
B = np.array([[1., 4., 7.],
              [2., 5., 8.],
              [3., 6., 9.]])

# Asigna a la variable C la multiplicacion
# del escalar b por el tensor A
C = np.dot(A, B)
print(C)
```

2.4.3. Traza, contracciones, determinante, e inversa de un tensor de segundo orden

La traza de un tensor $\mathbf{A}$ está dada por:

$$\text{tr } \mathbf{A} = \sum_{i=1}^{3} A_{ii}. \tag{2.61}$$

Una *contracción* de dos tensores es simplemente su producto-punto, y como se ha visto, está denotada por un punto entre estos; una *doble contracción* entre dos tensores se denota $\mathbf{A} : \mathbf{B}$, la cual produce un escalar:

$$
\begin{aligned}
\mathbf{A} : \mathbf{B} &= \text{tr}(\mathbf{A}^\top \mathbf{B}) \\
&= \text{tr}(\mathbf{A}\mathbf{B}^\top) = \text{tr}(\mathbf{B}\mathbf{A}^\top) \\
&= \mathbf{B} : \mathbf{A}.
\end{aligned}
\tag{2.62}
$$

El determinante de un tensor de segundo-orden es un escalar definido por:

$$\det\mathbf{A} = \begin{bmatrix} A_{11} & A_{12} & A_{13} \\ A_{21} & A_{22} & A_{23} \\ A_{31} & A_{32} & A_{33} \end{bmatrix}, \tag{2.63}$$

con las siguientes propiedades:

$$\det(\mathbf{AB}) = \det\mathbf{A}\det\mathbf{B}, \tag{2.64}$$

$$\det\mathbf{A}^\top = \det(\mathbf{A}^\top). \tag{2.65}$$

Cuando $\det\mathbf{A} = 0$, se tiene un *tensor singular*. En la mayoría de los casos esto no se asume, por lo que, entonces, existiría un tensor inverso $\mathbf{A}^{-1}$ (inversa del tensor $\mathbf{A}$) tal que:

$$(\mathbf{A}\mathbf{A}^{-1}) = \mathbf{I} = \mathbf{A}^{-1}\mathbf{A}. \tag{2.66}$$

También, sí existe no-singularidad de un tensor, se tiene que $(\mathbf{A}^{-1})^\top = \mathbf{A}^{-\top}$

El siguiente código involucra el cálculo de la traspuesta, traza, determinante, inversa, y doble contracción de los tensores $\mathbf{A}$ y $\mathbf{B}$ que se especifican al interior del mismo:

```
import numpy as np

A = np.array([[1., 2., 3.],
              [4., 2., 2.],
              [2., 3., 4.]])

B = np.array([[1., 4., 7.],
              [2., 5., 8.],
              [3., 6., 9.]])

# Traspuestas de A y B
trasp_A = np.transpose(A)
trasp_B = np.transpose(B)

# Trazas de A y B
traz_A = np.trace(A)
traz_B = np.trace(B)

# Determinantes de A y B
det_A = np.linalg.det(A)
det_B = np.linalg.det(B)

# Inversas de A
# Nota: el tensor B no posee inversa
inv_A = np.linalg.inv(A)

# Doble contraccion entre A y B
dcontr_AB = np.trace(np.dot(trasp_A, B))

print(dcontr_AB)
print(det_B)
```

Además, un tensor de puede ser descompuesto en dos partes: (a) desviadora, y (b) esférica. Tomando en cuenta un tensor $\mathbf{A}$, se tiene que:

$$\mathbf{A} = \underbrace{\alpha\mathbf{I}}_{\text{esférica}} + \underbrace{\text{dev }\mathbf{A}}_{\text{desviadora}} , \qquad (2.67)$$

donde $\alpha = 1/3\text{tr }\mathbf{A}$, y, por lo tanto:

$$\text{dev }\mathbf{A} = \mathbf{A} - \frac{1}{3}\text{tr }\mathbf{AI}. \qquad (2.68)$$

La parte desviadora de un tensor posee una traza nula. Esta descomposición tensorial tiene implicaciones fundamentales en el análisis de esfuerzos y deformaciones para materiales, por lo que se usará repetidamente en los siguientes capítulos.

2.4.4. Valores propios y vectores propios de un tensor de segundo orden

Considerando un tensor $\mathbf{A}$, los escalares λ_i (con $i = 1, 2, 3$), conocidos como *valores propios* o *eigenvalores*, están asociados con los *vectores propios* o *eigenvectores* $\hat{\mathbf{n}}_i$ (con $i = 1, 2, 3$). Esta relación se define por la ecuación:

$$\mathbf{A}\hat{\mathbf{n}}_i = \lambda_i\hat{\mathbf{n}}_i, \qquad (2.69)$$

donde cada par $\left(\lambda_i, \hat{\mathbf{n}}_i\right)$ cumple esta relación. Los vectores propios son vectores no nulos que, al ser multiplicados por el tensor $\mathbf{A}$, resultan en un vector que es un múltiplo escalar de sí mismo, siendo λ_i este factor escalar.

Los valores λ_i y los vectores $\hat{\mathbf{n}}_i$ para un tensor $\mathbf{A}$ está dado por:

$$(\mathbf{A} - \lambda_i\mathbf{I})\hat{\mathbf{n}}_i = \mathbf{0}, \qquad (2.70)$$

donde $\mathbf{0}$ se refiere a un tensor nulo. La Ecuación 2.70 encuentra solución sí y sólo sí $\hat{\mathbf{n}}_i \neq \mathbf{0}$, por lo que su determinante debe ser nulo tal que:

$$\det\left(\mathbf{A} - \lambda_i\mathbf{I}\right) = 0, \qquad (2.71)$$

donde

$$\det\left(\mathbf{A} - \lambda_i\mathbf{I}\right) = -\lambda_i^3 + I_1\lambda_i^2 - I_2\lambda_i + I_3 = 0, \qquad (2.72)$$

o reescrito como:

$$\lambda_i^3 - I_1\lambda_i^2 + I_2\lambda_i - I_3 = 0. \qquad (2.73)$$

A este polinomio cúbico se le conoce como *polinomio característico*, o *ecuación característica* de $\mathbf{A}$, en la que sus soluciones son los valores propios λ_i. Ademas, se tiene que:

$$I_1(\mathbf{A}) = \operatorname{tr}\mathbf{A} = A_{ii} = \lambda_1 + \lambda_2 + \lambda_3, \qquad (2.74)$$

$$I_2(\mathbf{A}) = \frac{1}{2}\Big[(\mathrm{tr}\mathbf{A})^2 - \mathrm{tr}(\mathbf{A}^2)\Big]$$
$$= \mathrm{tr}\mathbf{A}^{-1}\det\mathbf{A}$$
$$= \frac{1}{2}\Big(A_{ii}A_{jj} - A_{ji}A_{ij}\Big)$$
$$= \lambda_1\lambda_2 + \lambda_1\lambda_3 + \lambda_2\lambda_3,$$

(2.75)

$$I_3(\mathbf{A}) = \det\mathbf{A} = \lambda_1\lambda_2\lambda_3,$$

(2.76)

donde $I_1(\mathbf{A})$, $I_2(\mathbf{A})$ y $I_3(\mathbf{A})$ son los *invariantes principales del tensor* $\mathbf{A}$.

Es importante mencionar que en un tensor $\mathbf{A}$ positivo-definitivo simétrico, todos sus λ_i son reales y positivos, ya que:

$$\lambda_i = \hat{\mathbf{n}}_i \cdot \mathbf{A}\hat{\mathbf{n}}_i > 0.$$

(2.77)

En NumPy, se usa la función *eig*[10] del módulo de álgebra lineal *linealg* para obtener una lista de los valores propios λ_i de una matriz, o un tensor, y sus vectores propios, tal como se presenta en el siguiente código:

```
import numpy as np

# Crea el tensor A de
A = np.array([[5., 0., 0.],
              [0., -6., -12.],
              [0., -12., 1.]])

# Crea una lista "l" que contiene
# los valores propios de A,
# Crea una matriz "n" que contiene
# los vectores propios de A.
# l = lista de valores propios
# n = matriz con columnas de vectores propios
l, n = np.linalg.eig(A)

# Asigna a las variables l _ i
# los valores propios
l _ 1 = l[0]
l _ 3 = l[1]
l _ 2 = l[2]
```

10. De eigenvalores y eigenvectores.

```
# Extrae de n los vectores propios
# Se usa ":" para seleccionar la columna.
# la numeracion de columnas empieza en "0"
n _ 1 = n[:, 0]
n _ 3 = n[:, 1]
n _ 2 = n[:, 2]

print("Los val. prop. son: "
        "l _ 1 = {:.4f}, "
        "l _ 2 = {:.4f}, "
        "l _ 3 = {:.4f}, "
        .format(l _ 1, l _ 2, l _ 3))
print("Vec. Prop. n _ 1 = {}"
        .format(n _ 1))
print("Vec. Prop. n _ 2 = {}"
        .format(n _ 2))
print("Vec. Prop. n _ 3 = {}"
        .format(n _ 3))
```

El anterior código no automatiza los valores propios ordenados; esto es, no se tiene en cuenta que $\lambda_1 > \lambda_2 > \lambda_3$, y como se observa, esto queda como arbitrario al usuario. Para ordenar los valores y vectores propios, tómese como ejemplo el siguiente código, el cual ordena automáticamente los mismos haciendo uso de la función *argsort* de NumPy:

```
import numpy as np

# Tensor A
A = np.array([[5., 0., 0.],
              [0., -6., -12.],
              [0., -12., 1.]])

l, n = np.linalg.eig(A)

idx = l.argsort()[::-1]
valoresPropios = l[idx]
vectoresPropios = n[:, idx]

# Representacion espectral de A
A = np.array([[valoresPropios[0], 0., 0.],
              [0., valoresPropios[1], 0.],
              [0., 0., valoresPropios[2]]])

print(valoresPropios)
print(A)
```

La relevancia de los valores y vectores propios, así como de los invariantes principales de un tensor de segundo orden, reside en su uso para: (a) formular expresiones y modelos que representan la respuesta mecánica de materiales, y (b) descomponer un tensor simétrico usando λ_i y $\hat{\mathbf{n}}_i$ en lo que se conoce como *representación espec-*

tral de un tensor. Como tal, esta representación es fundamental para el análisis de esfuerzos y deformaciones en materiales.

2.4.5. Representación espectral de un tensor

Todo tensor simétrico de segundo orden puede ser diagonalizado mediante su descomposición espectral. Esto implica que puede ser representado completamente en términos de sus valores propios λ_i y vectores propios $\hat{\mathbf{n}}_i$. En esta representación, los vectores propios forman una base ortogonal en la cual el tensor se expresa como una matriz diagonal con los valores propios como elementos de la diagonal. Esta característica es útil para simplificar operaciones matemáticas y análisis físicos, facilitando la comprensión de las propiedades del tensor en distintos contextos, como en la mecánica de materiales y la teoría de la elasticidad.

Si existe una base ortogonal descrita por $\hat{\mathbf{n}}_i$, entonces el tensor unidad $\mathbf{I}$ puede reescribirse como sigue:

$$\mathbf{I} = \sum_{i=1}^{3} \hat{\mathbf{n}}_i \otimes \hat{\mathbf{n}}_i, \tag{2.78}$$

luego, teniendo en cuenta las siguientes propiedades:

$$\mathbf{A}(\mathbf{u} \otimes \mathbf{v}) = (\mathbf{A}\mathbf{u}) \otimes \mathbf{v}, \tag{2.79}$$

$$(\alpha\mathbf{u} + \beta\mathbf{v}) \otimes \mathbf{w} = \alpha(\mathbf{u} \otimes \mathbf{w}) + \beta(\mathbf{v} \otimes \mathbf{w}), \tag{2.80}$$

$$\mathbf{A}\hat{\mathbf{n}}_i = \lambda_i\hat{\mathbf{n}}_i, \tag{2.81}$$

entonces, el tensor $\mathbf{A}$ puede ser descrito por:

$$\mathbf{A} = \mathbf{A}\mathbf{I} = \sum_{i=1}^{3}(\mathbf{A}\hat{\mathbf{n}}_i) \otimes \hat{\mathbf{n}}_i = \sum_{i=1}^{3} \lambda_i\hat{\mathbf{n}}_i \otimes \hat{\mathbf{n}}_i. \tag{2.82}$$

La Ecuación 2.82 se conoce como *representación espectral del tensor* $\mathbf{A}$[11] y, como tal, facilita la programación de un tensor de ese tipo (v.gr., tensor gradiente de

---

11. En alguna literatura a esta también se le conoce como descomposición espectral.

deformación). Consecuentemente, el tensor $\mathbf{A}$ se describe en forma matricial usando los valores propios como sigue:

$$\mathbf{A} = \begin{bmatrix} \lambda_1 & 0 & 0 \\ 0 & \lambda_2 & 0 \\ 0 & 0 & \lambda_3 \end{bmatrix}. \tag{2.83}$$

De la Ecuación 2.83 es posible determinar con relativa facilidad los invariantes principales. Como se verá, esta es una ventaja que permite, además, describir funciones que relacionan el esfuerzo y la deformación de un material manejando mayormente escalares en vez de tensores.

2.5. Funciones y gradientes

La representación de la evolución de magnitudes físicas, como una fuerza que varía en función del tiempo, es esencial en el análisis de respuestas mecánicas de materiales. Esta representación resulta particularmente útil para modelar la mecánica de ciertos polímeros.

Una definición formal de función matemática es (Stewart, 2012): "*Una función f es una regla que asigna a cada elemento x de un conjunto D exactamente un elemento, llamado $f(x)$, de un conjunto E*". El término de argumento designa cualquier elemento del conjunto D que interactúa con las reglas de f. El *dominio de la función f*, denotado como D, es la colección de elementos sobre los que opera f; el conjunto E, conocido también como la *gráfica* o *imagen de la función f*, representa la colección que resulta de la aplicación de f sobre los elementos de D.

Los símbolos utilizados para representar los elementos en D se conocen como *variables independientes*, mientras que los símbolos que representan el conjunto E se denominan *variables dependientes*. Por lo tanto, los conjuntos D y E pueden consistir en escalares, vectores o tensores. Además, las funciones pueden involucrar múltiples variables independientes (por ejemplo, $f(x_1, x_2, x_3, \ldots, x_k)$).[12]

12. En este contexto, se considerarán únicamente números reales para las variables independientes.

2.5.1. Funciones tensoriales, vectoriales y escalares

Se define una *función tensorial* como una función cuyos argumentos son tensores de segundo orden, pudiendo sus valores ser escalares, vectores o también tensores de segundo orden. A continuación, se presentan ejemplos de funciones tensoriales:

- $a(\mathbf{B})$ es una función tensorial con un único argumento tensorial y valor escalar. Aquí, $\mathbf{B}$ es un tensor de segundo orden y el resultado es un escalar a.

- $\mathbf{a}(\mathbf{B})$ es una función tensorial con un único argumento tensorial y valor vectorial. En este caso, $\mathbf{B}$ es un tensor de segundo orden y el resultado es un vector $\mathbf{a}$.

- $\mathbf{A}(\mathbf{B})$ es una función tensorial con un único argumento tensorial y valor tensorial. Aquí, $\mathbf{B}$ es un tensor de segundo orden y el resultado es otro tensor de segundo orden $\mathbf{A}$.

Existen también *funciones vectoriales* que toman vectores como argumentos, tales como $a(\mathbf{b})$, $\mathbf{a}(\mathbf{b})$ o $\mathbf{A}(\mathbf{b})$. Por otro lado, las funciones escalares utilizan variables escalares como argumentos y producen un tensor, un vector o un escalar. Ejemplos de esto son $a(t)$, $\mathbf{a}(t)$, o $\mathbf{A}(t)$.[13]

Considérense las funciones escalares $\mathbf{a} = \mathbf{a}(t)$ y $\mathbf{A} = \mathbf{A}(t)$, de valor vectorial y tensorial respectivamente. Estas funciones están definidas en una base cartesiana, representada por los vectores unitarios $\{\hat{\mathbf{e}}_i\}_{i=1,2,3}$ en un espacio euclidiano tridimensional[14]. Por lo tanto, la notación indicial de estas funciones se describe como sigue:

$$\mathbf{a} = a_i(t)\hat{\mathbf{e}}_i, \tag{2.84}$$

$$\mathbf{A} = A_{ij}(t)\hat{\mathbf{e}}_i \otimes \hat{\mathbf{e}}_j, \tag{2.85}$$

donde los componentes a_i y A_{ij} se consideran continuos y reales en un intervalo dado de t. Así, las primeras derivadas de $\mathbf{a}(t)$ y $\mathbf{A}(t)$ son, respectivamente:

$$\frac{d\mathbf{a}}{dt} = \frac{d[a_i(t)]}{dt}\hat{\mathbf{e}}_i, \tag{2.86}$$

---

13. Es común que estas funciones tomen una variable única *t*, que suele representar el tiempo, en análisis relacionados con la evolución de magnitudes físicas como la aceleración.

14. donde $\dfrac{d\hat{\mathbf{e}}_i}{dt} = \mathbf{0}$, ya que la base se considera fija.

$$\frac{\mathrm{d}\mathbf{A}}{\mathrm{d}t} = \frac{\mathrm{d}[A_{ij}(t)]}{\mathrm{d}t}\hat{\mathbf{e}}_i \otimes \hat{\mathbf{e}}_j. \tag{2.87}$$

La k-ésima derivada de una función vectorial $\mathbf{u}$ y una función tensorial $\mathbf{A}$ se expresan como:

$$\frac{\mathrm{d}^k\mathbf{u}}{\mathrm{d}t^k}, \tag{2.88}$$

y

$$\frac{\mathrm{d}^k\mathbf{A}}{\mathrm{d}t^k}, \tag{2.89}$$

respectivamente. En contraste, la k-ésima derivada de una función escalar se escribe como:

$$\frac{\mathrm{d}^k a}{\mathrm{d}t^k}. \tag{2.90}$$

Las derivadas de funciones tensoriales, vectoriales y escalares obedecen las reglas convencionales de diferenciación. Por lo tanto, la derivada de cualquier a, $\mathbf{a}$ o $\mathbf{A}$, que es constante con respecto a una variable independiente, resulta ser cero.

En Python, una función matemática se puede definir utilizando la palabra reservada *def*, seguida por el nombre de la función. En programación, las funciones son bloques de código reutilizables que contienen instrucciones y pueden recibir como entradas una o varias variables para propósitos específicos. El siguiente código ilustra una función f que toma como argumentos dos tensores de segundo orden $\mathbf{A}$ y $\mathbf{B}$, y retorna la suma de sus trazas:

```python
import numpy as np

# Declaracion de la funcion 'f(A, B)'
def f(A, B):
    # Cuerpo de la funcion
    suma = np.trace(A) + np.trace(B)
    # valor que regresa la funcion
    return suma

def g(A, B):
    return np.trace(A) + np.trace(B)
```

```
A = np.array([[5., 0., 0.],
              [0., -6., -12.],
              [0., -12., 1.]])

B = np.array([[1., 4., 7.],
              [2., 5., 8.],
              [3., 6., 9.]])

print(f(A, B))
print(g(A, B))
print(f(A, A))
print(f(B, B))
```

Es importante destacar que, en el código mencionado anteriormente, la posición y el tipo de los argumentos son cruciales. Es posible alimentar a la función f con el mismo tensor A en ambas posiciones de sus argumentos.

El uso de funciones en Python, al igual que en otros lenguajes de programación, es fundamental para la reutilización eficiente del código. Una función puede ser tan compleja o sencilla como sea necesario, sin estar limitada por un número específico de líneas de código. Información adicional sobre qué son y cómo utilizar funciones en Python puede encontrarse en la sección 4.6 de la documentación oficial del lenguaje Python.

2.5.2. Gradientes

Se define un campo escalar en un espacio euclidiano tridimensional de un cuerpo como una función o regla que asigna un escalar a a cada punto $\mathbf{x}$ en dicho espacio; es decir, $a(\mathbf{x})$.

De igual manera, a las funciones vectoriales $\mathbf{A}(\mathbf{x})$ y $\mathbf{u}(\mathbf{x})$, definidas en una base cartesiana representada por $\{\hat{\mathbf{e}}_i\}_{i=1,2,3}$, se les denomina *campo tensorial* $\mathbf{A}(\mathbf{x})$ y *campo vectorial* $\mathbf{u}(\mathbf{x})$, respectivamente.

Gradiente de un campo escalar. El gradiente de un campo escalar $a(\mathbf{x})$ se define como el vector que representa tanto la magnitud como la dirección de la máxima tasa de incremento espacial de dicho campo. Matemáticamente, se expresa como:

$$da = \nabla a \cdot d\mathbf{x}, \tag{2.91}$$

donde en forma indicial, el gradiente se describe como:

$$\nabla a = \frac{\partial a}{\partial x_i}\hat{\mathbf{e}}_i = \frac{\partial a}{\partial x_1}\hat{\mathbf{e}}_1 + \frac{\partial a}{\partial x_2}\hat{\mathbf{e}}_2 + \frac{\partial a}{\partial x_3}\hat{\mathbf{e}}_3. \tag{2.92}$$

Se introduce el operador Nabla, ∇:

$$\nabla(\bullet) = \frac{\partial \bullet}{\partial x_i}\hat{\mathbf{e}}_i, \tag{2.93}$$

de modo que 2.92 se reescribe como:

$$\mathrm{d}a = \nabla a \cdot \mathrm{d}\mathbf{x} = \frac{\partial a}{\partial x_i}\hat{\mathbf{e}}_i \cdot \mathrm{d}\mathbf{x}. \tag{2.94}$$

En algunos textos, el operador Nabla es referido como **grad** a. Aquí se usará indistintamente cualquiera de los dos términos para referirse a ello.

Es relevante mencionar que $\frac{\partial a}{\partial x_i}\hat{\mathbf{e}}_i$ corresponde a un campo vectorial conocido como *gradiente del campo escalar* $a(\mathbf{x})$. Es decir, la suma en 2.94 resulta en un campo de vectores que indica la magnitud y dirección de la derivada del campo escalar en un punto determinado por x_i.

Divergencia de un campo vectorial. La *divergencia de un campo vectorial* se define como el producto punto de ∇ por cualquier vector $\mathbf{u}$, denotado como **div** $\mathbf{u}$, tal que:

$$
\begin{aligned}
\mathrm{div}\ \mathbf{u} &= \nabla \cdot \mathbf{u} \\
&= \frac{\partial u_j}{\partial x_i}\hat{\mathbf{e}}_i \cdot \hat{\mathbf{e}}_j \\
&= \frac{\partial u_j}{\partial x_i}\delta_{ij} \\
&= \frac{\partial u_i}{\partial x_i} \\
&= \frac{\partial u_1}{\partial x_1} + \frac{\partial u_2}{\partial x_2} + \frac{\partial u_3}{\partial x_3}.
\end{aligned}
\tag{2.95}
$$

Como se muestra en la última línea de 2.95, la divergencia de un campo vectorial es, en efecto, un campo escalar.

Rotacional de un campo vectorial. El *rotacional de un campo vectorial* se define como el producto cruz de ∇ por cualquier vector $\mathbf{u}$, expresado como:

$$\mathbf{rot}\ \mathbf{u} = \nabla \times \mathbf{u} \qquad (2.96)$$

$$= \varepsilon_{ijk} \frac{\partial u_k}{\partial x_i} \hat{\mathbf{e}}_j$$

$$= \left(\frac{\partial u_3}{\partial x_2} - \frac{\partial u_2}{\partial x_3} \right) \hat{\mathbf{e}}_1 + \left(\frac{\partial u_1}{\partial x_3} - \frac{\partial u_3}{\partial x_1} \right) \hat{\mathbf{e}}_2 + \left(\frac{\partial u_2}{\partial x_1} - \frac{\partial u_1}{\partial x_2} \right) \hat{\mathbf{e}}_3.$$

El rotacional de un campo vectorial resulta en otro campo vectorial.

Gradiente de un campo vectorial. El *gradiente de un campo vectorial* es un tensor de segundo orden $\mathbf{u(x)}$ que se define mediante el siguiente producto tensorial:

$$\mathbf{grad\,u} = \nabla \otimes \mathbf{u}$$

$$= \frac{\partial u_j}{\partial x_i} \hat{\mathbf{e}}_i \otimes \hat{\mathbf{e}}_j, \qquad (2.97)$$

y en forma matricial se expresa como:

$$\mathbf{grad\,u} = \begin{bmatrix} \dfrac{\partial u_1}{\partial x_1} & \dfrac{\partial u_1}{\partial x_2} & \dfrac{\partial u_1}{\partial x_3} \\ \dfrac{\partial u_2}{\partial x_1} & \dfrac{\partial u_2}{\partial x_2} & \dfrac{\partial u_2}{\partial x_3} \\ \dfrac{\partial u_3}{\partial x_1} & \dfrac{\partial u_3}{\partial x_2} & \dfrac{\partial u_3}{\partial x_3} \end{bmatrix}, \qquad (2.98)$$

donde se observa que la traza del gradiente de $\mathbf{u}$, $\mathbf{tr\ (grad)u}$, es igual a la divergencia de $\mathbf{u}$, $\mathbf{div\,u}$.

2.6. Resumen

En este capítulo se presentaron los objetos matemáticos fundamentales de la mecánica de los medios continuos, específicamente los vectores y los tensores, junto con sus propiedades y operaciones asociadas. Se exploraron en detalle las operaciones básicas y avanzadas con estos objetos, incluyendo suma, resta, multiplicación y transformación, proporcionando así una base sólida para el análisis de fenómenos mecánicos complejos. Además, se introdujo código computacional para llevar a cabo estas operaciones, lo que facilita la aplicación práctica de los conceptos teóricos en contextos numéricos y de simulación. Este fundamento matemático es esencial para los capítulos siguientes, donde se profundizará en temas como la deformación finita y el modelado hiperelástico de elastómeros, permitiendo al lector desarrollar una comprensión integral de los principios que rigen el comportamiento mecánico de estos materiales.

2.7. Ejercicios

1. Dados los vectores $\mathbf{u} = [2, 5, 8]$ y $\mathbf{v} = [7, 1, 1]$ usando Python y NumPy, encuentre:

   - La norma de $\mathbf{u}$ y $\mathbf{v}$.
     - $|\mathbf{u}| = 9{,}6436$, $|\mathbf{v}| = 7{,}1414$.
   - Genere un vector $\mathbf{w}$ que sea la suma de $\mathbf{u}$ y $\mathbf{v}$.
     - $\mathbf{w} = [9, 6, 9]$.
   - Genere un vector $\mathbf{x}$ que sea la resta de $\mathbf{u}$ menos $\mathbf{v}$.
     - $\mathbf{x} = [-5, 4, 7]$.

2. Dados los vectores $\mathbf{u} = [3, 0, 3]$ y $\mathbf{v} = [5, 4, 8]$ usando Python y NumPy, encuentre:

   - El producto-punto entre $\mathbf{u}$ y $\mathbf{v}$.
     - $39{,}0$.
   - El producto-cruz entre $\mathbf{u}$ y $\mathbf{v}$.
     - $[-12, -9, 12]$.
   - El producto de un escalar $a = 10{,}5$ por el vector $\mathbf{u}$.
     - $[31{,}5, 0, 31{,}5]$.

3. Dados los siguientes vectores $\mathbf{u} = [5, 5, 5]$ $\mathbf{v} = [6, 9, 2]$ $\mathbf{w} = [1, 2, 5]$ usando Python y NumPy, encuentre:

   - El triple producto escalar entre $\mathbf{u}$, $\mathbf{v}$ y $\mathbf{w}$.
     - 80.
   - El doble-producto-vectorial entre $\mathbf{u}$, $\mathbf{v}$ y $\mathbf{w}$, .
     - $[155, 190, -345]$.
   - La diada de $\mathbf{u}$ y $\mathbf{v}$.

$$\begin{bmatrix} 30 & 45 & 10 \\ 30 & 45 & 10 \\ 30 & 45 & 10 \end{bmatrix}.$$

4. Dado el siguiente tensor,

$$\mathbf{A} = \begin{bmatrix} 2 & 5 & 10 \\ 5 & 4 & 5 \\ 10 & 5 & 2 \end{bmatrix}.$$

usando Python y NumPy, encuentre:

- La traza de $\mathbf{A}$.

  ‣ 8,0.

- La traspuesta de $\mathbf{A}$.

$$\begin{bmatrix} 2 & 5 & 10 \\ 5 & 4 & 5 \\ 10 & 5 & 2 \end{bmatrix}.$$

- El determinante $\mathbf{A}$.

  ‣ 16,0.

- La inversa de $\mathbf{A}$.

$$\begin{bmatrix} -1{,}0625 & 2{,}5 & -0{,}9375 \\ 2{,}5 & -6. & 2{,}5 \\ -0{,}9375 & 2{,}5 & -1{,}0625 \end{bmatrix}.$$

5. Dados los siguientes tensores,

$$\mathbf{A} = \begin{bmatrix} 2 & 5 & 10 \\ 5 & 4 & 5 \\ 10 & 5 & 2 \end{bmatrix}.$$

$$\mathbf{B} = \begin{bmatrix} 1 & 3 & 6 \\ 3 & 7 & 5 \\ 4 & 4 & 7 \end{bmatrix}.$$

encuentre:

- $\mathbf{A} : \mathbf{B}$.

- ‣ 219,0.

- Los valores propios ordenados de $\mathbf{A}$, λ_1, λ_2 y λ_3.

  - ‣ $\lambda_1 = 16{,}124$, $\lambda_2 = -0{,}1240$, $\lambda_3 = -69{,}9999$.

- La representación espectral de $\mathbf{B}$.

$$\begin{bmatrix} 13{,}92 & 0 & 0 \\ 0 & 2{,}85. & 0 \\ 0 & 0 & -1{,}77 \end{bmatrix}.$$

Referencias

1. Stewart, J. (2012). Calculus: Early Transcendentals (8th ed.). Boston: Cengage Learning.

## Capítulo 3

Fundamentos de esfuerzo y deformación

Dentro de las actividades de análisis de materiales, desde una perspectiva mecánica y estructural, como las aleaciones metálicas, se han establecido estándares técnicos que guían a los ingenieros de diseño sobre qué ecuaciones y descripciones matemáticas son válidas en algún contexto y operación en la que se desempeña una máquina. A modo de ejemplo se pueden mencionar los manuales y los estándares de diseño de la *American Society of Mechanical Engineers*[1] que brindan guía y aplicación de análisis generales y específicos

Por otro lado, los polímeros, que presentan respuestas mecánicas elásticas no lineales, requieren un enfoque más especializado con literatura que aborde términos y conceptos fundamentales de la mecánica de medios continuos para facilitar el uso de herramientas numéricas como el Método de Elementos Finitos ya que usualmente es difícil encontrar ecuaciones para casos específicos (Ogden, 1997). Así, este libro sigue esta tendencia, centrándose en la mecánica de medios continuos aplicada a materiales poliméricos, en particular a los elastómeros. Por lo tanto, este capítulo presenta las definiciones clásicas de esfuerzo y deformación, seguidas de una introducción a los conceptos de deformación y esfuerzo para grandes deformaciones, con el objetivo de establecer las bases para los capítulos sobre modelos hiperelásticos que se presentan más adelante, y que son base para el modelado mecánico de elastómeros.

1. Véase https://www.asme.org/.

3.1. Esfuerzo y deformación de un material: una perspectiva funcional

La relación entre el esfuerzo[2] y la deformación en un material puede describirse mediante una función matemática. En el primer capítulo, se empleó el término *respuesta* para referirse al esfuerzo mecánico, implicando que un cuerpo sometido a una excitación, como una carga, genera una respuesta. En el caso de los materiales, esta excitación generalmente se presenta en forma de fuerza o presión, lo que provoca una deformación. Como resultado, el cuerpo responde generando un esfuerzo que se opone a dicha deformación.

Cualitativamente, el esfuerzo se puede definir como *la manifestación de las fuerzas internas que contrarrestan una excitación mecánica externa provocada por la deformación*. De hecho, y según las leyes de Newton, estas fuerzas internas buscan equilibrar la fuerza exterior siempre que no se exceda un cierto umbral definido por la resistencia del material. Así, un enfoque funcional implica representar el análisis de esfuerzos en mediante una función donde diversas variables independientes, $\{x_1, x_2, x_3, \ldots, x_n\}$ (excitaciones), generan una salida y (respuesta), como se ilustra en la Figura 3.1.

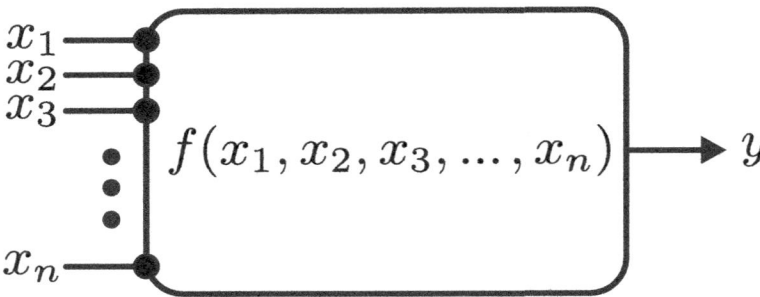

Figura 3.1. *Diagrama funcional de una respuesta* y *a partir de las excitaciones* $\{x_1, x_2, x_3, \ldots, x_n\}$.

Es así que cuando se analiza un cuerpo sometido a una fuerza externa, consideramos la deformación unitaria ϵ como una entrada, y al esfuerzo σ como la salida o respuesta de un sistema, tal como se muestra en la Figura 3.2 (es decir, un sistema funcional de una única entrada $x = \epsilon$ y una única salida $y = \sigma$).

---

2. Es importante señalar que el término *esfuerzo* se utiliza con mayor frecuencia en Hispanoamérica, mientras que en otras regiones de habla hispana esta magnitud se conoce como *tensión*.

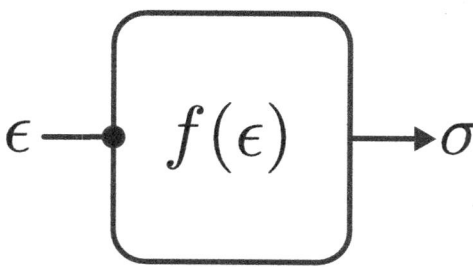

Figura 3.2 *Representación del sistema esfuerzo-deformación, considerando deformación como entrada y esfuerzo como salida.*

Bajo el enfoque funcional previamente descrito, la relación entre la deformación ϵ y el esfuerzo σ está determinada por la naturaleza del material. Esto significa que cada material puede representarse mediante una función $f(\epsilon)$. Por ejemplo, el esfuerzo que experimenta un cilindro de goma al verse sometido a compresión diferiría significativamente de lo que ocurriría si estuviese fabricado con una aleación metálica; este ejemplo ilustra que, dependiendo del material, la función $f(\epsilon)$ puede variar en complejidad matemática para representar adecuadamente la respuesta del cuerpo, especialmente en la región de deformación que se desea modelar.[3]

La relación funcional entre el esfuerzo y la deformación que hemos descrito representa una simplificación concebida para facilitar al lector la comprensión de las variables involucradas en el análisis de materiales. En la sección siguiente, se abordará la definición clásica de esfuerzo y deformación. Esta definición, junto con el enfoque funcional presentado aquí, servirá de base para comprender los marcos matemáticos más avanzados que se emplean en el modelado mecánico de elastómeros.

3.2. Definición clásica de esfuerzo

El esfuerzo se define como *la intensidad de las fuerzas internas que se generan en un material deformable debido a una excitación externa*, como una fuerza, presión, gradientes térmicos, deformación, o la combinación de estos factores. De manera simplificada, el esfuerzo es directamente proporcional a la magnitud de las fuerzas aplicadas e inversamente proporcional al área de la sección transversal afectada. Además, el esfuerzo se expresa en unidades de fuerza por unidad de superficie,

---

3. En la región elástica lineal de una aleación metálica, como el acero, la relación entre deformación y esfuerzo es lineal y se describe mediante el módulo de Young del material.

representado como $[FL^{-2}]$. En el Sistema Internacional de Unidades, se mide en pascales (Pa); sin embargo, en la práctica ingenieril es común emplear megapascales (MPa) para análisis estructurales o kilopounds por pulgada cuadrada (ksi) en el sistema de unidades inglés.

Para ilustrar el concepto de esfuerzo, considérese una barra de sección cuadrada A_0 y longitud inicial L_0, sometida a una carga uniaxial, como se muestra en la Figura 3.3. El esfuerzo normal se describe mediante la siguiente ecuación:

$$\sigma_{11} = \frac{F}{A_0}, \tag{3.1}$$

donde F representa la magnitud de una fuerza $\mathbf{F}$ aplicada a la barra, expresada en newtons o libras, y σ_{11} es el esfuerzo en la sección A_0, en milímetros cuadrados o pulgadas cuadradas, orientado en la dirección $\mathbf{1}$ del sistema cartesiano ilustrado en la Figura 3.3.

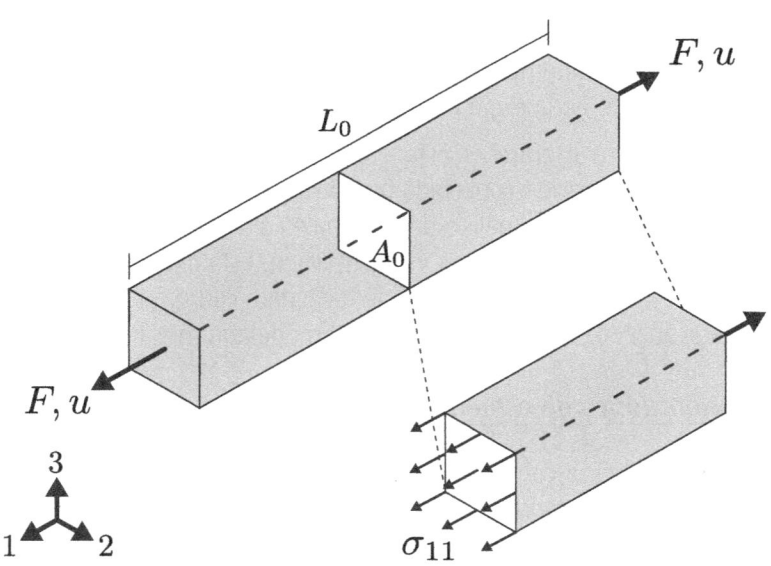

Figura 3.3 *Esfuerzo uniaxial en la sección transversal de una barra rectangular.*

Esta definición clásica del esfuerzo, que se resume en la relación esfuerzo = fuerza / área, se asocia comúnmente con el análisis de esfuerzos en el régimen lineal de un material, en casos de cargas uniaxiales y bajo deformaciones inobservables, denominadas deformaciones infinitesimales[4]. Como tal, se utiliza generalmente para estimar esfuerzos en aleaciones metálicas. De hecho, como se muestra en la Ecuación 3.1, el esfuerzo se escribe con subíndices, en este caso σ_{11}. Esta notación indica que el esfuerzo se representa mediante un tensor de segundo orden. La Ecuación 3.1 ejemplifica el caso específico de un esfuerzo normal uniaxial en la dirección positiva del eje **1**, como se ilustra en la Figura 3.3.

Es importante destacar que, en muchos contextos de la mecánica clásica, el esfuerzo se considera la causa que produce la deformación; es decir, las fuerzas aplicadas generan cambios en las dimensiones del material. Sin embargo, en el enfoque funcional adoptado aquí, hemos presentado la deformación ϵ como la entrada y el esfuerzo σ como la salida. Esta dualidad refleja la interdependencia entre esfuerzo y deformación. En materiales hiperelásticos, como los elastómeros, es común modelar el comportamiento mediante funciones de energía que dependen de la deformación, de las cuales se derivan los esfuerzos internos. Por lo tanto, considerar la deformación como la variable independiente facilita el desarrollo de modelos matemáticos que describen con precisión la respuesta del material bajo grandes deformaciones. Este enfoque es especialmente útil en la mecánica de medios continuos aplicada a materiales poliméricos, donde las relaciones entre esfuerzo y deformación son altamente no lineales.

Además, el esfuerzo puede variar dependiendo del punto de análisis y de la sección considerada. Por este motivo, puede descomponerse en dos componentes principales: *esfuerzo normal* y *esfuerzo cortante*. Sin embargo, el enfoque clásico para definir el esfuerzo asume pequeñas deformaciones, conocidas como deformaciones infinitesimales, lo que implica una relación funcional entre el desplazamiento en cada punto del material y las fuerzas aplicadas que es lineal.

3.3. Definición clásica de deformación

Consideremos ahora un sólido continuo y deformable, sometido a fuerzas aplicadas y condiciones que impidan su movimiento o desplazamiento como cuerpo rígido. En este contexto, *la deformación se define como el cambio dimensional que experimenta dicho cuerpo bajo la acción de estas fuerzas,* y se mide comparando las dimensiones del cuerpo antes y después de alcanzar su nuevo estado geométrico. Esto implica que la deformación mide un cambio en las dimensiones geométricas del

---

4. Una deformación infinitesimal es tan pequeña que generalmente pasa desapercibida ante el ojo humano.

cuerpo, por lo que se expresa en unidades adimensionales, como el cambio porcentual en la longitud de interés.

Considerando la misma barra de la Figura 3.3 sometida a una fuerza **f**, la deformación resultante se puede expresar de la siguiente forma:

$$\epsilon_{11} = \frac{\Delta u}{L_0},$$

(3.2)

donde ϵ_{11} representa la deformación axial, Δu es el cambio en las dimensiones de la barra bajo la carga **f**, y L_0 es la longitud original de la barra antes de aplicar la carga. Las unidades de Δu y L_0 suelen estar en medidas de longitud, como milímetros, metros, pulgadas o pies. Además, dependiendo del punto y la sección de análisis en un cuerpo sólido continuo, la deformación también puede representarse mediante un tensor de segundo orden, que contempla tanto deformaciones lineales como angulares. Al igual que en el caso del esfuerzo, la definición clásica de deformación asume que las deformaciones son de tipo infinitesimal.

Las definiciones clásicas de esfuerzo y deformación presentan limitaciones significativas cuando se aplican a materiales que experimentan grandes deformaciones, como es el caso de los elastómeros. Estas definiciones se basan en la suposición de que las deformaciones son pequeñas (infinitesimales) y que la relación entre esfuerzo y deformación es lineal y reversible. En materiales hiperelásticos, las deformaciones pueden ser finitas y considerablemente grandes, lo que implica cambios geométricos que no pueden ser ignorados. Además, las relaciones entre esfuerzo y deformación en estos materiales son altamente no lineales y dependen del historial de carga. Por lo tanto, las medidas clásicas resultan insuficientes para describir con precisión el comportamiento mecánico bajo grandes deformaciones. Esto hace necesario emplear marcos matemáticos más avanzados y medidas de esfuerzo y deformación que consideren las deformaciones finitas, como los tensores de deformación de Green-Lagrange y los tensores de esfuerzo de Piola-Kirchhoff (Malvern, 1969). Reconocer estas limitaciones es esencial para desarrollar modelos que capturen adecuadamente la respuesta de materiales poliméricos sometidos a condiciones extremas y para entender la complejidad asociada con su análisis y diseño (Holzapfel, 2000).

3.4. *Estado de carga multiaxial: tensores de esfuerzo y deformación*

En las secciones anteriores, se exploraron las definiciones clásicas de esfuerzo y deformación, y se asumió su definición desde la perspectiva infinitesimal, así como un comportamiento elástico y reversible. Sin embargo, estas definiciones se han limitado a describir situaciones de tensión uniaxial, lo que representa solo una fracción de los posibles escenarios de deformación que puede experimentar un cuerpo.

En circunstancias donde un cuerpo está sometido a múltiples fuerzas de diferentes direcciones, magnitudes y naturalezas, se establece un estado de *esfuerzo multiaxial*. Este estado se caracteriza por la presencia de esfuerzos dirigidos en múltiples direcciones desde un marco de referencia específico,[5] y puede incluir tanto esfuerzos cortantes como esfuerzos normales. Por ejemplo, la Figura 3.4 ilustra un sólido de geometría arbitraria sometido a distintas cargas. En esta figura, se identifican cuatro cargas puntuales: $\mathbf{P}a$, $\mathbf{P}b$, $\mathbf{P}c$ y $\mathbf{P}d$; también se muestra una carga distribuida a lo largo de una línea del cuerpo, denotada como $d(s)$, que resulta en una carga concentrada $\mathbf{f}_s$ localizada en el centroide c de la distribución de carga. Finalmente, se incluye una carga de volumen $\mathbf{w}$ y una presión superficial T actuando sobre la superficie z.

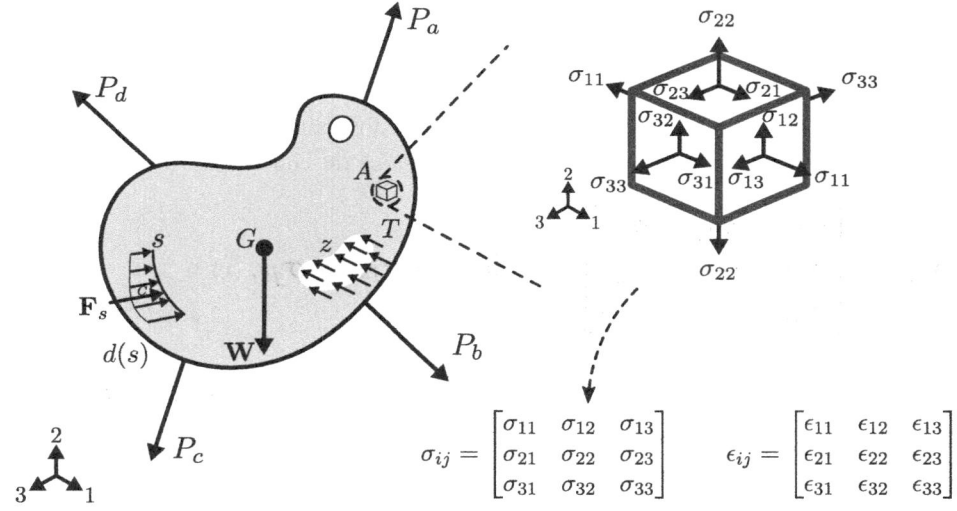

Figura 3.4 *Ejemplo de un caso de estado de esfuerzo multiaxial.*

Al examinar con detalle la Figura 3.4, se identifica el punto A en el cuerpo, el cual a su vez es representado por un cubo ampliado en una vista de detalle. Esta representación muestra los nueve esfuerzos a los que está sometido dicho punto, los cuales se clasifican en dos categorías: (a) esfuerzos normales y (b) esfuerzos cor-

5. Para los análisis, se utilizará un marco cartesiano con vectores unitarios.

tantes. Los esfuerzos normales son σ_{11}, σ_{22} y σ_{33}, y actúan perpendicularmente a las caras del cubo, alineados con los ejes del sistema de coordenadas cartesianas $(1, 2, 3)$. Estos esfuerzos representan las fuerzas internas que tienden a alargar o comprimir el material en cada una de las tres direcciones principales.

Por otro lado, los esfuerzos cortantes son σ_{12}, σ_{13}, σ_{21}, σ_{23}, σ_{31} y σ_{32}, y actúan paralelamente a las caras del cubo, tendiendo a deformar el material mediante cizallamiento. Sin embargo, debido a la simetría del tensor de esfuerzos (es decir, $\sigma_{ij} = \sigma_{ji}$), los esfuerzos cortantes en planos mutuamente perpendiculares son iguales ($\sigma_{12} = \sigma_{21}$, $\sigma_{13} = \sigma_{31}$, $\sigma_{23} = \sigma_{32}$). Por lo tanto, existen tres esfuerzos cortantes independientes: σ_{12}, σ_{13} y σ_{23}.

En total, se tienen nueve componentes de esfuerzo para un estado de esfuerzos multiaxial, pero solo seis de ellos son independientes debido a la simetría. Estos nueve esfuerzos describen completamente el estado de carga en el punto A, considerando tanto las tensiones que provocan cambios en el volumen del material (esfuerzos normales) como las que inducen cambios en su forma (esfuerzos cortantes).

En resumen, en un estado multiaxial, los esfuerzos en cada punto se representan mediante esfuerzos normales y esfuerzos cortantes en un pequeño elemento de volumen cúbico, como se ilustra en la Figura 3.4. Estos esfuerzos se pueden expresar de manera tensorial mediante el tensor de esfuerzos de Cauchy (Gurtin, 1981):[6]

$$\sigma_{ij} = \begin{bmatrix} \sigma_{11} & \sigma_{12} & \sigma_{13} \\ \sigma_{21} & \sigma_{22} & \sigma_{23} \\ \sigma_{31} & \sigma_{32} & \sigma_{33} \end{bmatrix}, \quad \text{donde } \sigma_{ij} = \sigma_{ji}. \tag{3.3}$$

La simetría del tensor de esfuerzos de Cauchy, definida por $\sigma_{ij} = \sigma_{ji}$, tiene una implicación física fundamental relacionada con la conservación del momento angular. Esta simetría implica que los esfuerzos cortantes en planos mutuamente perpendiculares son iguales en magnitud, lo que asegura que no existan torques internos que puedan causar rotaciones no deseadas en el material (Truesdell y Noll, 2004). Desde el punto de vista matemático, esta propiedad reduce el número de componentes independientes del tensor de nueve a seis, simplificando el análisis y la resolución de problemas en la mecánica de medios continuos. Además, esta

---

6. La simetría del tensor de esfuerzos se debe a la conservación del momento angular en ausencia de torques internos. Esto reduce el número de componentes independientes y simplifica el análisis en la teoría de la elasticidad.

simetría es esencial para garantizar que las ecuaciones de equilibrio y las relaciones constitutivas sean coherentes con los principios fundamentales de la mecánica, permitiendo describir adecuadamente el comportamiento del material bajo estados de carga complejos.

Por otra parte, como se ha mencionado anteriormente, el esfuerzo y la deformación están intrínsecamente relacionados, por lo que un estado general de esfuerzos conlleva un estado general de deformación como el siguiente:

$$\epsilon_{ij} = \begin{bmatrix} \epsilon_{11} & \epsilon_{12} & \epsilon_{13} \\ \epsilon_{21} & \epsilon_{22} & \epsilon_{23} \\ \epsilon_{31} & \epsilon_{32} & \epsilon_{33} \end{bmatrix}, \quad \text{donde } \epsilon_{ij} = \epsilon_{ji}. \tag{3.4}$$

En este tensor de deformación, se distinguen dos tipos de deformación: (a) deformaciones lineales (o normales) y (b) deformaciones angulares (o cortantes).

El tensor de deformación ϵ_{ij} se define como la parte simétrica de la derivada parcial del vector de desplazamiento **u** respecto a la posición inicial de un punto material, expresado como:

$$\epsilon_{ij} = \frac{1}{2} \left(\frac{\partial u_i}{\partial x_j} + \frac{\partial u_j}{\partial x_i} \right). \tag{3.5}$$

Estas definiciones, que aquí se tratan como *clásicas*, se utilizan ampliamente para resolver problemas en una diversidad de aplicaciones, especialmente para determinar un esfuerzo equivalente que evalúe, por ejemplo, si una pieza puede resistir un caso de carga específico. En consecuencia, tanto el tensor de esfuerzos como el de deformaciones son temas recurrentes en numerosas fuentes de literatura, tanto general como especializada en el análisis de esfuerzos y deformaciones.

La complejidad aumenta cuando las deformaciones dejan de ser infinitesimales, pasando a un régimen de deformación que se conoce como *grandes deformaciones*, o *deformación finita*, y es cuando la relación entre el esfuerzo y la deformación de un material deja de ser linealmente elástica y los niveles de deformación son usualmente mayores al 2%. En estos casos, se requiere un abordaje más general de los conceptos de esfuerzo y deformación, y es necesario introducir conceptos y principios fundamentales de la cinemática de la deformación finita (Chadwick, 1999).

3.5. Resumen

En este capítulo, se habló de los conceptos básicos de esfuerzo y deformación desde una perspectiva tanto clásica como funcional, con un enfoque especial en materiales poliméricos como los elastómeros. Se presentó la relación entre esfuerzo y deformación como una función matemática, donde la deformación se considera la entrada o excitación y el esfuerzo la salida o respuesta del material. Este enfoque funcional permite entender cómo distintos materiales pueden tener funciones de respuesta diferentes, reflejando sus comportamientos mecánicos específicos.

El capítulo también abordó las definiciones clásicas de esfuerzo y deformación, enfatizando sus limitaciones cuando se aplican a situaciones de grandes deformaciones, comunes en elastómeros. Se introducen los tensores de esfuerzo y deformación para describir estados de carga multiaxial, explicando su notación, componentes y la importancia de considerar tanto esfuerzos normales como cortantes. En casos de grandes deformaciones, la suposición de comportamiento lineal y deformaciones infinitesimales deja de ser válida, lo que requiere el uso de marcos teóricos avanzados y una comprensión de la cinemática de la deformación finita.

Referencias

1. Ogden, R. W. (1997). Non-linear Elastic Deformations. Dover Publications.

2. Malvern, L. E. (1969). Introduction to the Mechanics of a Continuous Medium. Prentice-Hall.

3. Holzapfel, G. A. (2000). Nonlinear Solid Mechanics: A Continuum Approach for Engineering. John Wiley & Sons.

4. Gurtin, M. E. (1981). An Introduction to Continuum Mechanics. Academic Press.

5. Truesdell, C., y Noll, W. (2004). The Non-Linear Field Theories of Mechanics. Springer.

6. Chadwick, P. (1999). Continuum Mechanics: Concise Theory and Problems. Dover Publications.

## Capítulo 4

Deformación finita

El estudio de la deformación finita es crucial en la mecánica de los medios continuos y en el análisis de materiales complejos, porque ofrece una visión ampliada sobre el comportamiento de estos últimos cuando están sujetos a deformaciones que exceden el régimen elástico lineal infinitesimal, o bien, cuando existen niveles de deformación altos. Esta clase de estudio es importante no solo para el análisis estructural avanzado sino también para el diseño, la optimización y el análisis e ingeniería de nuevos materiales y tecnologías en diversos campos industriales y de investigación. Tal es el caso de las espumas de polímeros, el tejido biológico de los seres vivos o los materiales flexibles como la goma. Por lo tanto, la comprensión de las deformaciones finitas es particularmente relevante en el estudio de elastómeros, donde las grandes deformaciones son una característica inherente y crítica para su funcionamiento (no se espera que se deformen muy poco ante una carga).

Al abordar la deformación finita, se obtienen herramientas avanzadas para modelar el comportamiento de materiales bajo condiciones de carga extremas, tales como altas presiones y temperaturas, que plantean tipos de análisis que son cruciales en sectores como el aeroespacial, el automotriz y el de defensa. Este tipo de análisis resulta indispensable para garantizar la seguridad y eficacia en el diseño y la fabricación de componentes que deben resistir deformaciones significativas sin fallar, lo que a su vez permite tomar decisiones de ingeniería con mayor información de la fenomenología de un fenómeno.

4.1. Concepto de deformación finita

Cuando se hace un análisis de deformaciones, una consideración ideal es la de que un cuerpo se compone de múltiples elementos infinitesimales, como el cubo mencionado en la Figura 3.4 del Capítulo 3. Estos elementos, en la configuración inicial Ω_0 donde un cuerpo aún no sufre deformación, son conocidos como puntos de material. En el contexto de deformaciones infinitesimales, donde los cambios en la forma del cuerpo tras la aplicación de cargas son mínimos e imperceptibles, se asume que esta configuración permanece *casi* constante en términos de la deformación, pues no existen cambios significativos de forma. Sin embargo, en el caso de deformaciones finitas, tanto la forma como la posición del cuerpo experimentan cambios drásticos, como en el caso donde se estira una liga. Esto exige un seguimiento detallado del movimiento de los puntos materiales, y este registro se realiza mediante los vectores $\mathbf{X}$ y $\mathbf{x}$, que representan la posición de un punto de material en las configuraciones del cuerpo Ω_0 y Ω_t respectivamente, siendo esta última la que corresponde a una configuración donde un cuerpo ha sido deformado.[1]

El análisis de grandes deformaciones ofrece un marco para evaluar situaciones donde se producen cambios notables en la forma de un cuerpo. Esto facilita la descripción del movimiento de un punto material después de un evento de deformación significativo a través de ecuaciones de movimiento.[2]

4.2. Ecuaciones de movimiento

Considere un cuerpo $\mathcal{C}$ en lo que denominaremos *configuración de referencia* o *configuración material* Ω_0 para un análisis en el tiempo $t_0 = 0$ (véase Figura 4.1).

---

1. Es importante destacar que $\mathbf{X}$ se escribe en mayúscula y no es un tensor de segundo orden. Esta distinción es relevante; en este caso, este vector $\mathbf{X}$ se reserva para la posición de los puntos de material que se mencionan en este capítulo.
2. El término *significativo* no define un parámetro objetivo general, pero comúnmente se refiere a deformaciones superiores al 2% en aleaciones metálicas. Para polímeros y otros materiales, esto implica estados de deformación claramente perceptibles en comparación con las dimensiones originales del cuerpo.

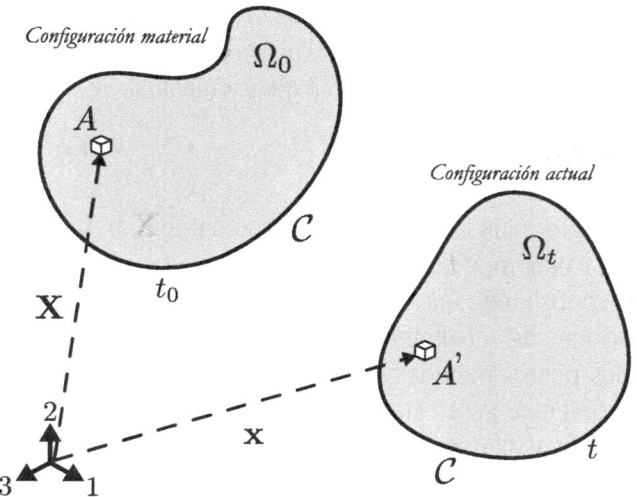

Figura 4.1. *Configuraciones material y actual de un sólido continuo en deformación.*

En esta configuración Ω_0, el cuerpo presenta una forma geométrica y dimensiones iniciales definidas. La posición del punto A en Ω_0 se describe mediante el vector $\mathbf{X}$, cuyas componentes son las *coordenadas materiales* de una base compuesta por los vectores unitarios $\hat{\mathbf{e}}_{i=1,2,3}$:

$$\mathbf{X} = X_1\hat{\mathbf{e}}_1 + X_2\hat{\mathbf{e}}_2 + X_3\hat{\mathbf{e}}_3. \tag{4.1}$$

Como se observa en la Figura 4.1, para un tiempo $t > 0$, el cuerpo adquiere una nueva configuración denominada *configuración actual* Ω_t. En esta configuración, la posición del punto A ahora se representa con el vector $\mathbf{x}$:

$$\mathbf{x} = x_1\hat{\mathbf{e}}_1 + x_2\hat{\mathbf{e}}_2 + x_3\hat{\mathbf{e}}_3 = x_i\hat{\mathbf{e}}_i. \tag{4.2}$$

Las componentes de $\mathbf{x}$ se conocen como *coordenadas espaciales* de A', definiendo su posición en un instante t dado. Así, cada punto material en Ω_t se describe unívocamente mediante $\mathbf{x}$ y se relaciona directamente con su posición $\mathbf{X}$ en Ω_0. Además, a medida que un cuerpo se deforma, los puntos de material conservan sus coordenadas materiales mientras sus coordenadas espaciales evolucionan temporalmente siguiendo una trayectoria específica en el espacio descrita por la siguiente función:

$$\mathbf{x} = \boldsymbol{\chi}(\mathbf{X}, t), \tag{4.3}$$

aquí, $\boldsymbol{\mathcal{X}}$ es un campo vectorial que precisa la posición $\mathbf{x}$ a partir de $\mathbf{X}$ en el tiempo t, y como tal define el *movimiento del cuerpo* $\mathcal{C}$. La función inversa, que describe el historial de deformación desde una configuración actual, se expresa como sigue:

$$\mathbf{X} = \boldsymbol{\mathcal{X}}^{-1}(\mathbf{x}, t), \tag{4.4}$$

donde $\boldsymbol{\mathcal{X}}^{-1}$ determina las coordenadas materiales $\mathbf{X}$ basadas en las coordenadas espaciales $\mathbf{x}$ y el tiempo t. Esta relación establece que la posición de cada punto material en Ω_t corresponde unívocamente a su posición en Ω_0. Las Ecuaciones 4.3 y 4.4 son ecuaciones de movimiento (Holzapfel, 2000), y proveen las coordenadas espaciales de los puntos materiales de un cuerpo en función de sus coordenadas materiales (y viceversa). Para estas ecuaciones, es necesario que los campos $\boldsymbol{\mathcal{X}}$ y $\boldsymbol{\mathcal{X}}^{-1}$ sean continuos y diferenciables en cada punto del cuerpo $\mathcal{C}$, así como en todo instante t. Además, el determinante de la matriz jacobiana asociada debe ser mayor que cero; esto asegura que la transformación del cuerpo desde la configuración de referencia a la configuración actual es físicamente admisible, manteniendo la continuidad y evitando la superposición o penetración del material. Un determinante positivo de la matriz jacobiana indica que el volumen local se preserva o cambia de manera consistente sin inversión de orientación, lo cual es esencial para describir deformaciones realistas en materiales continuos. Este requisito es fundamental para garantizar que las ecuaciones de movimiento sean bien definidas y que el análisis mecánico resulte coherente con el comportamiento físico del material.

4.3. Desplazamiento, velocidad y aceleración

La Figura 4.2 muestra un cuerpo continuo $\mathcal{C}$ en dos configuraciones distintas, la configuración de referencia Ω_0 y la configuración actual Ω_t, correspondientes a diferentes instantes de tiempo t_0 y t, respectivamente. Se destaca el vector de desplazamiento $\mathbf{U}$, que representa el desplazamiento del punto material A desde su posición inicial en Ω_0 hasta su posición actual en Ω_t. En el análisis de un sólido continuo, el desplazamiento es un campo vectorial que describe la traslación de cada punto material en $\mathcal{C}$ y se puede expresar tanto en coordenadas materiales como en coordenadas espaciales.

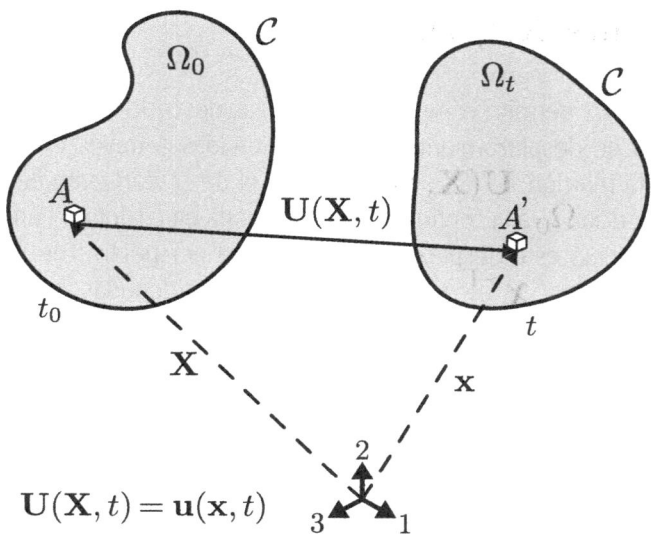

Figura 4.2. *Campo de desplazamiento de un punto material A.*

El desplazamiento $\mathbf{U}$, definido en función de la posición material $\mathbf{X}$ y el tiempo t, establece la descripción material del campo de desplazamiento de la siguiente manera:

$$\mathbf{U}(\mathbf{X}, t) = \mathbf{x}(\mathbf{X}, t) - \mathbf{X}. \tag{4.5}$$

Aquí, $\mathbf{x}(\mathbf{X}, t)$ es la posición actual en la configuración Ω_t del punto que originalmente estaba en $\mathbf{X}$ en la configuración de referencia Ω_0. Además, el campo de desplazamiento $\mathbf{u}$, en función de las coordenadas espaciales, se define en términos de la posición actual $\mathbf{x}$ y el tiempo t como sigue:

$$\mathbf{u}(\mathbf{x}, t) = \mathbf{x} - \mathbf{X}(\mathbf{x}, t) = \mathbf{x} - \boldsymbol{\chi}^{-1}(\mathbf{x}, t). \tag{4.6}$$

En esta expresión, $\mathbf{X}(\mathbf{x}, t)$ es la posición material en la configuración de referencia Ω_0 del punto material que se encuentra en $\mathbf{x}$ en el instante t, es decir, $\mathbf{X}(\mathbf{x}, t) = \boldsymbol{\chi}^{-1}(\mathbf{x}, t)$.

Existe una conexión directa entre $\mathbf{U}$ y $\mathbf{u}$, lo que implica que el desplazamiento de un punto material puede describirse tanto desde la perspectiva material como desde la espacial. Dado que $\mathbf{x} = \boldsymbol{\chi}(\mathbf{X}, t)$ y $\mathbf{X} = \boldsymbol{\chi}^{-1}(\mathbf{x}, t)$, podemos establecer la siguiente relación:

$$\mathbf{U}(\mathbf{X}, t) = \mathbf{u}(\mathbf{x}(\mathbf{X}, t), t).$$

(4.7)

La Ecuación 4.7 permite comprender cómo las descripciones material y espacial de los campos de desplazamiento están relacionadas a través del mapeo $\boldsymbol{\chi}$ y su inversa. En esta relación, $\mathbf{U}(\mathbf{X}, t)$ representa el desplazamiento desde la configuración de referencia Ω_0 a la configuración deformada en cualquier tiempo t, mientras que $\mathbf{u}(\mathbf{x}, t)$ refleja este desplazamiento desde la perspectiva de la configuración actual Ω_t. Al emplear $\boldsymbol{\chi}^{-1}$, transformamos las coordenadas de la configuración actual de vuelta a las coordenadas de referencia, lo que permite calcular el desplazamiento inicial desde la posición actual. Este enfoque vincula directamente las transformaciones físicas del cuerpo a lo largo del tiempo y subraya la capacidad de rastrear la historia de deformación de cualquier punto material específico dentro del cuerpo continuo.

Dadas las descripciones material y espacial de un punto material en un cuerpo, junto con su campo de desplazamiento, es posible derivar las ecuaciones de velocidad y aceleración a partir de las tasas de cambio de la posición con respecto al tiempo. La *velocidad* de un punto material se obtiene derivando las ecuaciones de movimiento con respecto al tiempo, manteniendo $\mathbf{X}$ constante. Así, la velocidad en términos de su descripción material se expresa como:

$$\mathbf{V}(\mathbf{X}, t) = \frac{\partial \boldsymbol{\chi}(\mathbf{X}, t)}{\partial t} = \frac{\partial \mathbf{x}(\mathbf{X}, t)}{\partial t}.$$

(4.8)

Asimismo, la velocidad de un punto material en términos de su descripción espacial se define como:

$$\mathbf{v}(\mathbf{x}, t) = \mathbf{V}(\mathbf{X}(\mathbf{x}, t), t).$$

(4.9)

La *aceleración* de un punto material es la derivada del campo de velocidades respecto al tiempo, y se describe como sigue:

$$\mathbf{A}(\mathbf{X}, t) = \frac{\partial \mathbf{V}(\mathbf{X}, t)}{\partial t}.$$

(4.10)

De manera similar, la aceleración en la descripción espacial es:

$$\mathbf{a}(\mathbf{x}, t) = \mathbf{A}(\mathbf{X}(\mathbf{x}, t), t).$$

(4.11)

Sin embargo, también es posible expresar la aceleración en términos del campo de velocidades en la descripción espacial. Utilizando la regla de la cadena y considerando que la posición espacial $\mathbf{x}$ cambia con el tiempo, obtenemos:

$$\mathbf{a}(\mathbf{x}, t) = \frac{\partial \mathbf{v}(\mathbf{x}, t)}{\partial t} + (\mathbf{v}(\mathbf{x}, t) \cdot \nabla)\mathbf{v}(\mathbf{x}, t), \quad (4.12)$$

donde ∇ es el operador gradiente definido como:

$$\nabla = \hat{\mathbf{e}}_i \frac{\partial}{\partial x_i}. \quad (4.13)$$

En la Ecuación 4.12, el término $\frac{\partial \mathbf{v}}{\partial t}$ representa la tasa de cambio local de la velocidad en el tiempo, mientras que el término $(\mathbf{v} \cdot \nabla)\mathbf{v}$ captura los efectos convectivos debidos al movimiento del material en el espacio. Este término es esencial en el análisis de flujos y deformaciones donde la velocidad varía tanto en el tiempo como en el espacio. Estas descripciones formales corresponden a los campos de velocidad y aceleración, y son funciones de las coordenadas materiales y el tiempo. Representan la tasa de cambio de la posición y la velocidad de una partícula o punto material en el tiempo, proporcionando una base fundamental para el análisis cinemático de sólidos continuos en deformación.

4.4. Gradiente de deformación

El *gradiente de deformación* es un tensor que describe cómo se deforman los elementos infinitesimales de un cuerpo al pasar de la configuración de referencia a la configuración actual. Representa la derivada espacial del campo de desplazamiento y proporciona una medida de cómo un punto material se estira, comprime y rota debido a las fuerzas aplicadas. Este tensor es fundamental en la mecánica de medios continuos (Malvern, 1969), ya que permite cuantificar de manera precisa las deformaciones y rotaciones que experimenta un material bajo la acción de cargas externas.

Consideremos un vector diferencial $d\mathbf{X}$ en la configuración material Ω_0 antes de la deformación, y su correspondiente vector $d\mathbf{x}$ en la configuración actual Ω_t después de la deformación. La relación entre estos vectores se expresa como:

$$d\mathbf{x} = \mathbf{F} \cdot d\mathbf{X} = d\mathbf{X} \cdot \mathbf{F}^\top, \quad (4.14)$$

donde $\mathbf{F}$ es el tensor gradiente de deformación, definido por:

$$\mathbf{F} = \frac{\partial \chi(\mathbf{X}, t)}{\partial \mathbf{X}} = \frac{\partial \mathbf{x}(\mathbf{X}, t)}{\partial \mathbf{X}}. \tag{4.15}$$

El tensor $\mathbf{F}$ es clave en la mecánica de medios continuos, ya que proporciona una descripción completa del estado de deformación de un material al mapear su configuración inicial a su configuración actual. Sus componentes pueden expresarse como sigue:

$$F_{ij} = \begin{bmatrix} \frac{\partial x_1}{\partial X_1} & \frac{\partial x_1}{\partial X_2} & \frac{\partial x_1}{\partial X_3} \\ \frac{\partial x_2}{\partial X_1} & \frac{\partial x_2}{\partial X_2} & \frac{\partial x_2}{\partial X_3} \\ \frac{\partial x_3}{\partial X_1} & \frac{\partial x_3}{\partial X_2} & \frac{\partial x_3}{\partial X_3} \end{bmatrix}. \tag{4.16}$$

El gradiente de deformación posee propiedades importantes. En primer lugar, su determinante, conocido como *jacobiano*, se denota por $J = \det[\mathbf{F}]$. Este jacobiano representa la razón de cambio volumétrico durante la deformación. Dado que un elemento de volumen material no puede colapsar a un volumen cero o invertirse físicamente, se requiere que $J > 0$. Por lo tanto, $\mathbf{F}$ es una matriz invertible.

La inversa del tensor gradiente de deformación permite relacionar los diferenciales en la configuración actual con los de la configuración de referencia:

$$d\mathbf{X} = \mathbf{F}^{-1} \cdot d\mathbf{x} = d\mathbf{x} \cdot \left(\mathbf{F}^{-1}\right)^{\top}, \tag{4.17}$$

donde $\mathbf{F}^{-1}$ es la inversa del tensor gradiente de deformación y está definida por:

$$\mathbf{F}^{-1} = \frac{\partial \mathbf{X}(\mathbf{x}, t)}{\partial \mathbf{x}}. \tag{4.18}$$

Es importante notar que:

$$\mathbf{F}^{-1} \cdot \mathbf{F} = \mathbf{F} \cdot \mathbf{F}^{-1} = \mathbf{I}, \tag{4.19}$$

donde $\mathbf{I}$ es el tensor identidad. Esto confirma que $\mathbf{F}^{-1}$ es efectivamente la inversa de $\mathbf{F}$ y que puede usarse para transformar vectores desde la configuración actual a la configuración de referencia. Además, es importante destacar que el tensor gradiente de deformación $\mathbf{F}$ contiene información completa sobre el movimiento relativo de los puntos materiales del cuerpo a lo largo del tiempo t. Por esta razón, es un tensor de suma importancia en la mecánica de medios continuos y en el análisis de deformaciones finitas, ya que permite estudiar tanto las deformaciones como las rotaciones locales del material.

4.5. Clasificación de la deformación de un cuerpo

A partir del tensor gradiente de deformación $\mathbf{F}$, la deformación de un cuerpo se puede clasificar de diferentes maneras, siendo las más importantes las siguientes:

- Deformación homogénea: Si $\mathbf{F}$ es constante en el espacio (es decir, no varía con la posición material $\mathbf{X}$), entonces la deformación se considera *homogénea*. En este caso, todos los puntos del cuerpo experimentan la misma deformación, y las propiedades mecánicas son uniformes en todo el material.

- Deformación inhomogénea: Si $\mathbf{F}$ varía con la posición material $\mathbf{X}$, entonces la deformación se clasifica como *inhomogénea* o *no homogénea*. Esto implica que diferentes partes del cuerpo experimentan deformaciones distintas, lo cual es común en problemas reales debido a condiciones de frontera, geometrías complejas o propiedades materiales no uniformes.

- Deformación isocórica: Si el determinante del tensor gradiente de deformación es unidad, es decir, $\det[\mathbf{F}] = 1$, la deformación se denomina *isocórica*, lo que significa que el volumen del cuerpo se conserva durante la deformación. Este tipo de deformaciones son puramente distorsionales y no implican cambios de volumen.

Del tensor $\mathbf{F}$ se derivan varias medidas de deformación, las cuales son fundamentales en la construcción de modelos constitutivos de materiales. Estas medidas se examinarán en detalle en las siguientes secciones.

4.6. Medidas de deformación

Considere dos puntos materiales A y B en el cuerpo continuo $\mathcal{C}$, separados por un vector diferencial $d\mathbf{X}$ en la configuración de referencia Ω_0. En la configuración actual Ω_t, después de la deformación, estos puntos están separados por el vector diferencial $d\mathbf{x}$. Las distancias entre A y B en ambas configuraciones se expresan como:

$$(dS)^2 = d\mathbf{X} \cdot d\mathbf{X}, \tag{4.20}$$

y

$$(ds)^2 = d\mathbf{x} \cdot d\mathbf{x} = d\mathbf{X}^\top \mathbf{C} \, d\mathbf{X}, \qquad (4.21)$$

donde $\mathbf{C} = \mathbf{F}^\top \mathbf{F}$ es el *tensor de deformación de Cauchy-Green derecho*. Además, el *tensor de deformación de Cauchy-Green izquierdo* se define como:

$$\mathbf{b} = \mathbf{F}\mathbf{F}^\top. \qquad (4.22)$$

Los tensores $\mathbf{C}$ y $\mathbf{b}$ son simétricos y positivos definidos, y están asociados con las medidas de deformación en el material. El tensor $\mathbf{C}$ relaciona los vectores en la configuración de referencia con las distancias en la configuración deformada, mientras que $\mathbf{b}$ relaciona los vectores en la configuración actual consigo mismos.

Otra medida importante de deformación es el *tensor de deformación de Green-Lagrange*, que relaciona las distancias entre dos puntos materiales en ambas configuraciones:

$$(ds)^2 - (dS)^2 = 2 \, d\mathbf{X}^\top \mathbf{E} \, d\mathbf{X}, \qquad (4.23)$$

donde $\mathbf{E}$ es el tensor de Green-Lagrange, definido como:

$$\mathbf{E} = \frac{1}{2}(\mathbf{C} - \mathbf{I}) = \frac{1}{2}(\mathbf{F}^\top \mathbf{F} - \mathbf{I}). \qquad (4.24)$$

De manera similar, podemos definir el *tensor de deformación de Almansi*, que relaciona las distancias en la configuración actual:

$$(ds)^2 - (dS)^2 = 2 \, d\mathbf{x}^\top \mathbf{e} \, d\mathbf{x}, \qquad (4.25)$$

donde $\mathbf{e}$ se define como:

$$\mathbf{e} = \frac{1}{2}(\mathbf{I} - \mathbf{b}^{-1}) = \frac{1}{2}\left(\mathbf{I} - \mathbf{F}^{-1}\mathbf{F}^{-\top}\right). \qquad (4.26)$$

Los tensores $\mathbf{E}$ y $\mathbf{e}$ son simétricos y proporcionan medidas de deformación en las configuraciones de referencia y actual, respectivamente. Mientras que $\mathbf{E}$ es útil para análisis en términos materiales (Lagrangianos), $\mathbf{e}$ se emplea en análisis en términos espaciales (Eulerianos). Sin embargo, en el estudio de materiales elastoméricos, es más común utilizar el tensor de Green-Lagrange $\mathbf{E}$ debido a que los modelos constitutivos se desarrollan en la configuración de referencia.

4.7. Estiramientos y alargamientos unitarios

El *estiramiento* es una medida de deformación que relaciona la longitud ds del segmento diferencial $d\mathbf{x}$ en la configuración actual del cuerpo deformado con la longitud dS del segmento diferencial $d\mathbf{X}$ en la configuración de referencia antes de la deformación (véase Figura 4.3).

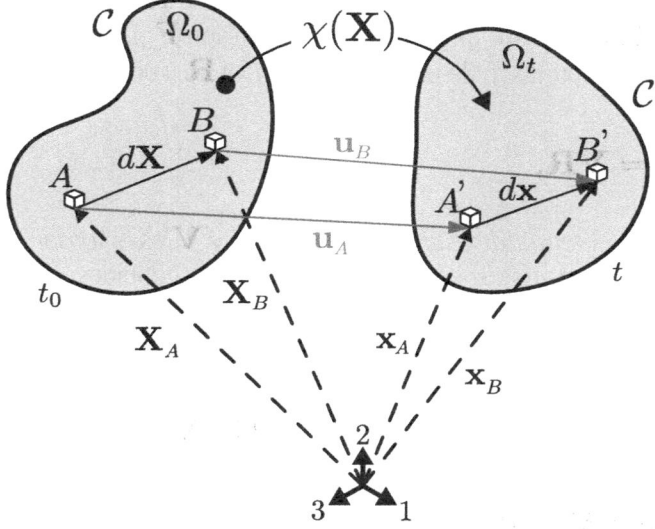

Figura 4.3. *Puntos materiales antes y después de una deformación.*

La definición matemática del estiramiento está dada por la relación:

$$\lambda = \frac{ds}{dS}. \qquad (4.27)$$

Además, el alargamiento unitario se define como el incremento de longitud del segmento diferencial $d\mathbf{x}$ por unidad de longitud del segmento $d\mathbf{X}$, y se describe como:

$$\varepsilon = \frac{ds - dS}{dS} = \lambda - 1. \qquad (4.28)$$

Los estiramientos y alargamientos unitarios son medidas de deformación fundamentales en el análisis de materiales poliméricos, incluyendo los elastómeros. Los estiramientos λ son especialmente útiles en el modelado constitutivo de estos materiales, ya que permiten describir su comportamiento bajo grandes deformaciones (Ogden, 1997).

4.8. Teorema de la descomposición polar

El teorema de la descomposición polar es fundamental en el análisis de deformaciones finitas (Ogden, 1997), y establece que para cada $\mathbf{X}$ en la configuración inicial de un cuerpo Ω_0, el tensor gradiente de deformación $\mathbf{F}$ puede descomponerse de manera única en el producto de un tensor ortogonal $\mathbf{R}$ y un tensor simétrico positivo definido $\mathbf{U}$:

$$\mathbf{F} = \mathbf{RU} = \mathbf{VR}, \tag{4.29}$$

donde $\mathbf{U}$ es el *tensor de estiramiento derecho* y $\mathbf{V}$ es el *tensor de estiramiento izquierdo*. Ambos tensores son simétricos y positivos definidos, y miden el estiramiento o contracción del cuerpo a lo largo de las direcciones de sus vectores propios. La descomposición polar muestra que toda deformación puede verse como una combinación de una rotación y un estiramiento (Truesdell y Noll, 2004).

Una propiedad importante de los tensores $\mathbf{U}$ y $\mathbf{V}$ es que su determinante es positivo:

$$\det \mathbf{U} = \det \mathbf{V} > 0. \tag{4.30}$$

El tensor $\mathbf{R}$ es el *tensor de rotación*, que es ortogonal y describe la rotación pura sin deformación. Una propiedad importante de este tensor es que $\det \mathbf{R} = 1$, lo que indica que preserva el volumen.

La descomposición polar muestra que toda deformación puede verse como una combinación de una rotación seguida de un estiramiento, o viceversa. Es decir, $\mathbf{F}$ puede descomponerse como una rotación $\mathbf{R}$ seguida de un estiramiento $\mathbf{U}$, o como un estiramiento $\mathbf{V}$ seguido de una rotación $\mathbf{R}$.

Si $\mathbf{U} = \mathbf{V} = \mathbf{I}$, entonces $\mathbf{F} = \mathbf{R}$, lo que representa una rotación de cuerpo rígido. Por otro lado, si $\mathbf{R} = \mathbf{I}$, entonces $\mathbf{F} = \mathbf{U} = \mathbf{V}$, lo que representa un estiramiento puro sin rotación.

Dado que $\mathbf{U}$ es un tensor simétrico, puede diagonalizarse mediante su representación espectral:

$$\mathbf{U} = \sum_{i=1}^{3} \lambda_i \, \hat{\mathbf{N}}_i \otimes \hat{\mathbf{N}}_i, \qquad (4.31)$$

donde λ_i son los *estiramientos principales* y $\hat{\mathbf{N}}_i$ son los vectores propios de $\mathbf{U}$ (las *direcciones principales* del estiramiento en la configuración de referencia).

De manera similar, el tensor $\mathbf{V}$ puede expresarse como:

$$\mathbf{V} = \sum_{i=1}^{3} \lambda_i \, \hat{\mathbf{n}}_i \otimes \hat{\mathbf{n}}_i, \qquad (4.32)$$

donde $\hat{\mathbf{n}}_i$ son los vectores propios de $\mathbf{V}$ en la configuración actual, y los λ_i son los mismos estiramientos principales.

La relación entre los vectores propios de $\mathbf{U}$ y $\mathbf{V}$ está dada por:

$$\hat{\mathbf{n}}_i = \mathbf{R} \, \hat{\mathbf{N}}_i, \qquad (4.33)$$

y recíprocamente:

$$\hat{\mathbf{N}}_i = \mathbf{R}^{\top} \, \hat{\mathbf{n}}_i. \qquad (4.34)$$

Estas relaciones muestran cómo las direcciones principales de estiramiento en la configuración de referencia se transforman en las direcciones principales en la configuración actual a través del tensor de rotación $\mathbf{R}$.

4.9. Representación espectral del tensor gradiente de deformación

Se ha visto que $\mathbf{F}$ es un tensor que contiene información sobre las relaciones de posición y deformación entre puntos materiales de un cuerpo en distintas configuraciones. Como tal, $\mathbf{F}$ corresponde a una entidad fundamental en el análisis de deformaciones finitas. Además, se ha observado que existen los estiramientos principales, y que estos, mediante la descomposición polar, pueden ser obtenidos para relacionar la deformación de un cuerpo en distintos instantes.

Dado que $\mathbf{F}$ puede ser descompuesto en un tensor de rotación y un tensor de deformación, se tiene que:

$$\mathbf{F} = \sum_{i=1}^{3} \lambda_i \left(\mathbf{R}\, \hat{\mathbf{N}}_i \right) \otimes \hat{\mathbf{N}}_i = \sum_{i=1}^{3} \lambda_i\, \hat{\mathbf{n}}_i \otimes \hat{\mathbf{N}}_i, \quad \text{(4.35)}$$

lo que se conoce como *descomposición singular* del tensor gradiente de deformación. Esta expresión es de gran relevancia, ya que en ella se incluye un cambio de base dado por los vectores propios en cada configuración para la deformación de un cuerpo y los estiramientos principales λ_i. A esta expresión se le conoce como la *representación espectral* de $\mathbf{F}$.

4.10. Tasa de cambio de la deformación

La respuesta mecánica de un material depende también de la velocidad o tasa de cambio de la deformación que sufre. No es lo mismo que una deformación sea lenta y progresiva a que sea impulsiva y repentina (por ejemplo, un impacto). En la primera situación, y en general, los materiales tienden a presentar un esfuerzo de menor magnitud y gradual, mientras que en el segundo escenario, la respuesta es más rígida, de naturaleza frágil, y consecuentemente de mayor magnitud.

Los modelos más avanzados que incorporan la respuesta de un material dependiente de la tasa de cambio de la deformación toman en cuenta la derivada de $\mathbf{F}$ con respecto al tiempo:

$$\dot{\mathbf{F}} = \frac{\partial}{\partial t} \left(\frac{\partial x_i}{\partial X_j} \right) = \frac{\partial}{\partial X_j} \left(\frac{\partial x_i}{\partial t} \right), \quad \text{(4.36)}$$

donde $\dfrac{\partial x_i}{\partial t} = v_i$. Por lo tanto:

$$\dot{\mathbf{F}} = \frac{\partial v_i}{\partial X_j} = \operatorname{Grad} \mathbf{v}, \quad \text{(4.37)}$$

donde $\operatorname{Grad} \mathbf{v}$ corresponde al tensor gradiente material de la velocidad. La Ecuación 4.37 también puede reescribirse utilizando el tensor gradiente espacial de la velocidad como:

$$\dot{\mathbf{F}} = \frac{\partial v_i}{\partial x_k} \frac{\partial x_k}{\partial X_j} = \mathbf{l}\, \mathbf{F}, \quad \text{(4.38)}$$

donde $\mathbf{l} = \mathbf{grad}\,\mathbf{v}$ corresponde al tensor gradiente espacial de la velocidad.

En este libro, sólo se mencionarán los modelos lineales de la *Teoría de la Viscoelasticidad*, que relacionan $\dot{\mathbf{F}}$ con el esfuerzo que sufre un material. En la literatura se mencionan modelos más complejos llamados *viscoplásticos*, los cuales contienen información no sólo sobre la respuesta de un material en función de la velocidad con que se deforma, sino también sobre la disipación energética que ocurre bajo carga (Bower, 2009). Estos no serán revisados en este texto.

4.11. Resumen

En este capítulo se presentó el concepto de deformación finita, fundamental en la mecánica de medios continuos y en el análisis de materiales sometidos a grandes deformaciones, como los elastómeros. Se destacó la importancia de considerar deformaciones que exceden el régimen elástico lineal infinitesimal, especialmente en materiales donde las deformaciones significativas son inherentes a su funcionamiento.

Se introdujeron las ecuaciones de movimiento que relacionan las posiciones iniciales y actuales de los puntos materiales en un cuerpo, utilizando las coordenadas materiales y espaciales. Se explicó cómo los vectores de posición $\mathbf{X}$ y $\mathbf{x}$ permiten rastrear el movimiento y la deformación de un cuerpo desde su configuración de referencia Ω_0 hasta su configuración actual Ω_t.

El capítulo abordó la definición de desplazamiento, velocidad y aceleración en descripciones tanto materiales como espaciales, resaltando la conexión entre ambas y su relevancia en el análisis cinemático de sólidos continuos. Se presentó el tensor gradiente de deformación $\mathbf{F}$, enfatizando su papel crucial en la cuantificación precisa de las deformaciones y rotaciones locales en un material. Además, el *Teorema de la descomposición polar* fue presentado como una herramienta clave para descomponer el tensor gradiente de deformación en una rotación pura y un estiramiento puro, permitiendo una comprensión más profunda de la naturaleza de las deformaciones. Finalmente, se exploró la tasa de cambio de la deformación y su impacto en la respuesta mecánica de los materiales, subrayando la importancia de considerar no sólo la magnitud de la deformación sino también la velocidad con que ocurre.

Referencias

1. Ogden, R. W. (1997). Non-linear Elastic Deformations. Dover Publications.

2. Malvern, L. E. (1969). Introduction to the Mechanics of a Continuous Medium. Prentice-Hall.

3. Holzapfel, G. A. (2000). Nonlinear Solid Mechanics: A Continuum Approach for Engineering. John Wiley & Sons.

4. Bower, A. F. (2009). Applied Mechanics of Solids. CRC Press.

5. Truesdell, C., y Noll, W. (2004). The Non-Linear Field Theories of Mechanics. Springer.

## Capítulo 5

Concepto de esfuerzo

En el Capítulo 3, se mencionó que el esfuerzo corresponde a la intensidad de fuerzas por unidad de área que se manifiestan en un cuerpo sometido a cargas externas. Sin embargo, cuando se presentan grandes deformaciones, el esfuerzo mecánico puede ser descrito por diferentes formas matemáticas dependiendo de las diversas configuraciones que un cuerpo puede adoptar. Así, el esfuerzo puede describirse por medio de las medidas de deformación presentadas en el Capítulo 4, lo que conduce a diversas expresiones matemáticas del mismo.

5.1. *Concepto de esfuerzo en el análisis de grandes deformaciones*

Considérese un cuerpo $\mathcal{C}$ sometido a fuerzas externas, como se muestra en la Figura 5.1. Dicho cuerpo se encuentra en un estado de deformación en una configuración actual Ω_t en el tiempo t. Aplicando la definición clásica de esfuerzo y la Primera Ley de Newton, si se genera un corte virtual por una superficie $\mathcal{S}$ con normal $\mathbf{n}$, se tendrán fuerzas internas que equilibran las fuerzas externas, manteniendo al cuerpo en equilibrio en ambas partes resultantes, como se ilustra en la Figura 5.1. Estas fuerzas internas pueden ser representadas mediante el vector de tracción $\mathbf{t}$, definido como la fuerza interna por unidad de área que actúa sobre la superficie de corte.

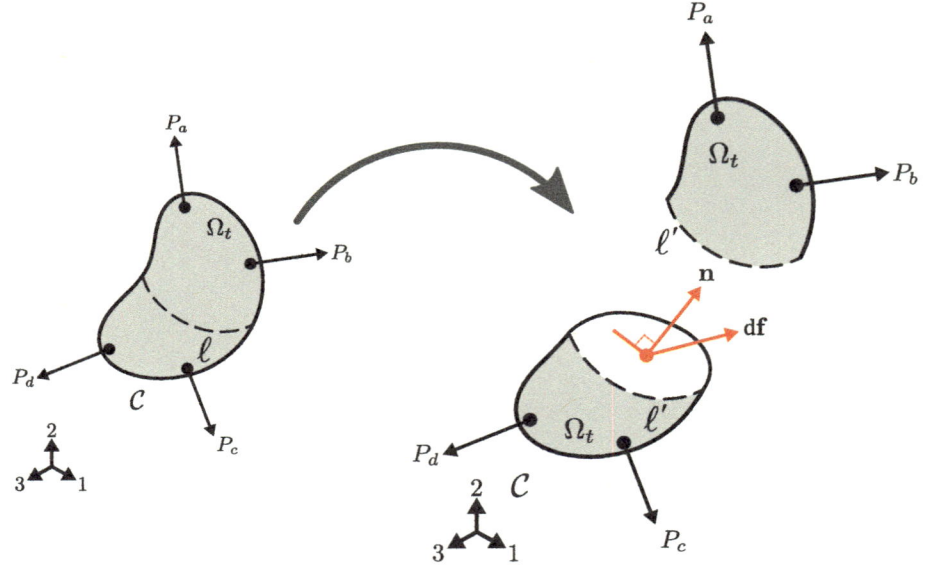

Figura 5.1. *Cuerpo C sometido a fuerzas externas y corte virtual que revela las fuerzas internas.*

El vector de fuerza diferencial $\mathbf{df}$ que actúa sobre un elemento de área $\mathbf{da}$ con normal $\mathbf{n}$ se define como:

$$\mathbf{df} = \mathbf{t}(\mathbf{x}, \mathbf{n})\, \mathrm{d}a, \tag{5.1}$$

donde $\mathbf{t}(\mathbf{x}, \mathbf{n})$ es el vector de tracción en el punto $\mathbf{x}$ sobre un plano con normal $\mathbf{n}$.

5.2. Esfuerzo de Cauchy

El tensor de esfuerzos de Cauchy es fundamental en la descripción del estado de esfuerzos en un punto material (Malvern, 1969). El vector de tracción $\mathbf{t}$ en un punto material está relacionado con un campo tensorial de esfuerzos $\boldsymbol{\sigma}(\mathbf{x})$, conocido como el tensor de *esfuerzos de Cauchy*, tal que:

$$\mathbf{t}(\mathbf{x}, \mathbf{n}) = \boldsymbol{\sigma}(\mathbf{x})\, \mathbf{n}. \tag{5.2}$$

Esta relación se establece a partir de los *postulados de Cauchy*:

El vector de tracción $\mathbf{t}$ que actúa en la posición del punto material ubicado en $\mathbf{x}$, depende únicamente de esta localización y de la orientación del plano definido por la normal $\mathbf{n}$. Esto es:

$$\mathbf{t} = \mathbf{t}(\mathbf{x}, \mathbf{n}).$$ (5.3)

El vector de tracción satisface la condición de acción y reacción en el punto $\mathbf{x}$, es decir, el vector de tracción sobre un plano con normal $\mathbf{n}$ es igual y opuesto al vector de tracción sobre un plano con normal $-\mathbf{n}$:

$$\mathbf{t}(\mathbf{x}, \mathbf{n}) = -\mathbf{t}(\mathbf{x}, -\mathbf{n}).$$ (5.4)

El tensor de esfuerzos de Cauchy $\boldsymbol{\sigma}$ es un tensor de segundo orden que caracteriza completamente el estado de esfuerzos en el punto $\mathbf{x}$. Sus componentes pueden expresarse en términos de las direcciones principales mediante la descomposición espectral:

$$\boldsymbol{\sigma} = \sum_{i=1}^{3} \sigma_i \, \hat{\mathbf{n}}_i \otimes \hat{\mathbf{n}}_i,$$ (5.5)

donde σ_i son los *esfuerzos principales* y $\hat{\mathbf{n}}_i$ son las *direcciones principales* asociadas a estos.

5.3. Tensores de esfuerzo de Piola-Kirchhoff

Para el análisis de grandes deformaciones, es útil definir tensores de esfuerzo referidos a la configuración de referencia Ω_0. El vector nominal de tracción $\mathbf{T}$ en la configuración de referencia se relaciona con el vector de tracción en la configuración actual mediante:

$$\mathbf{T}(\mathbf{X}, \mathbf{N}) = \mathbf{P}(\mathbf{X})\mathbf{N}$$ (5.6)

donde $\mathbf{X}$ es la posición material en Ω_0, $\mathbf{N}$ es la normal al área en Ω_0, $\mathbf{F}$ es el tensor gradiente de deformación, y $J = \det[\mathbf{F}]$.

El *primer tensor de Piola-Kirchhoff* $\mathbf{P}$ se define como:

$$\mathbf{P} = J\boldsymbol{\sigma}\mathbf{F}^{-\top}$$ (5.7)

y relaciona la fuerza en la configuración de referencia con el área en la misma configuración.

Alternativamente, el *segundo tensor de Piola-Kirchhoff* $\mathbf{S}$ se define mediante:

$$\mathbf{S} = \mathbf{F}^{-1}\mathbf{P} = J\,\mathbf{F}^{-1}\boldsymbol{\sigma}\mathbf{F}^{-\top}. \tag{5.8}$$

Los tensores de esfuerzo de Piola-Kirchhoff son especialmente útiles en el análisis de grandes deformaciones (Malvern, 1969). En concreto, el tensor de esfuerzos de Kirchhoff es ampliamente utilizado en el análisis de materiales blandos y viscoelásticos (Volokh, 2016).

5.3.1. Relación entre esfuerzos en deformaciones finitas

Las relaciones entre los tensores de esfuerzo en las configuraciones actual y de referencia se obtienen considerando la conservación de la fuerza y el equilibrio en las superficies correspondientes. Partiendo de la igualdad de fuerzas entre las configuraciones:

$$\mathbf{t}(\mathbf{x}, \mathbf{n})\, \mathrm{d}a = \mathbf{T}(\mathbf{X}, \mathbf{N})\, \mathrm{d}A, \tag{5.9}$$

y utilizando la relación entre las áreas $\mathrm{d}a$ y $\mathrm{d}A$:

$$\mathrm{d}a = J\,|\mathbf{F}^{-\top}\mathbf{N}|\,\mathrm{d}A, \tag{5.10}$$

se obtienen las siguientes relaciones:

$$\mathbf{P} = J\,\boldsymbol{\sigma}\,\mathbf{F}^{-\top}, \tag{5.11}$$

$$\boldsymbol{\sigma} = J^{-1}\,\mathbf{P}\,\mathbf{F}^{\top}. \tag{5.12}$$

Para el segundo tensor de Piola-Kirchhoff:

$$\mathbf{S} = \mathbf{F}^{-1}\mathbf{P} = J\,\mathbf{F}^{-1}\boldsymbol{\sigma}\mathbf{F}^{-\top}. \tag{5.13}$$

5.4. Propiedades importantes de los tensores de esfuerzo

Los tensores $\boldsymbol{\sigma}$, $\mathbf{P}$ y $\mathbf{S}$ son fundamentales en el análisis de esfuerzos en medios continuos sometidos a grandes deformaciones. Algunas de sus propiedades relevantes son:

1. El tensor de esfuerzos de Cauchy $\boldsymbol{\sigma}$ es simétrico si no existen momentos por unidad de volumen o pares internos en el material.

2. El tensor de esfuerzos de Cauchy $\boldsymbol{\sigma}$ mide el esfuerzo real, ya que relaciona la fuerza por unidad de área en el estado deformado del cuerpo. Por ello, también se le conoce como *tensor de esfuerzos verdaderos*.

3. El *tensor de esfuerzos de Kirchhoff* $\boldsymbol{\tau}$ se define como:

$$\boldsymbol{\tau} = J\,\boldsymbol{\sigma}. \tag{5.14}$$

Este tensor es útil en el análisis de materiales incompresibles y en modelos de plasticidad (Bower, 2009).

4. El primer tensor de Piola-Kirchhoff $\mathbf{P}$ no es simétrico en general, debido a que considera la configuración de referencia y la configuración actual, y está relacionado con el gradiente de deformación.

5. El primer tensor de Piola-Kirchhoff $\mathbf{P}$ mide el esfuerzo nominal o ingenieril, ya que relaciona la fuerza en el estado actual con el área en el estado no deformado.

6. El segundo tensor de Piola-Kirchhoff $\mathbf{S}$ es simétrico si $\boldsymbol{\sigma}$ lo es, y se refiere completamente a la configuración de referencia, lo que facilita su uso en formulaciones lagrangianas.

5.5. Esfuerzos principales

Los *esfuerzos principales* son los valores propios del tensor de esfuerzos de Cauchy $\boldsymbol{\sigma}$. Estos esfuerzos ocurren en planos donde el vector de tracción es normal al plano, es decir, no hay componentes cortantes. Las direcciones asociadas a estos esfuerzos son las direcciones principales, que corresponden a los vectores propios de $\boldsymbol{\sigma}$.

El tensor de esfuerzos de Cauchy puede diagonalizarse mediante una transformación ortogonal:

$$\boldsymbol{\sigma} = \mathbf{Q}\,\boldsymbol{\sigma}_d\,\mathbf{Q}^{\top}, \tag{5.15}$$

donde $\mathbf{Q}$ es una matriz ortogonal cuyos vectores columna son los vectores propios de $\boldsymbol{\sigma}$, y $\boldsymbol{\sigma}_d$ es el tensor diagonal de esfuerzos principales:

$$\boldsymbol{\sigma}_d = \begin{bmatrix} \sigma_1 & 0 & 0 \\ 0 & \sigma_2 & 0 \\ 0 & 0 & \sigma_3 \end{bmatrix}. \tag{5.16}$$

Los valores σ_1, σ_2 y σ_3 son los esfuerzos principales. No existe un orden específico para estos valores, pero comúnmente se ordenan de mayor a menor o según la aplicación.

Los esfuerzos principales son invariantes bajo cambios de coordenadas y son fundamentales en criterios de falla y en el análisis de la respuesta mecánica de materiales (Holzapfel, 2000), especialmente en situaciones donde la orientación del esfuerzo es significativa, como en el flujo plástico de metales o en la fractura de materiales.

5.6. Criterios de esfuerzo y deformación en grandes deformaciones

En el análisis de materiales sometidos a grandes deformaciones, es esencial utilizar medidas adecuadas de esfuerzo y deformación que sean objetivas y que permitan formular modelos constitutivos coherentes. Los tensores de esfuerzo presentados, junto con las medidas de deformación correspondientes, proporcionan las herramientas necesarias para describir el comportamiento mecánico de materiales hiperelásticos, viscoelásticos y plásticos bajo condiciones de carga complejas.

En los capítulos siguientes, se explorarán modelos constitutivos que relacionan los tensores de esfuerzo y las medidas de deformación apropiadas, permitiendo predecir la respuesta de materiales sometidos a grandes deformaciones, como los elastómeros y otros polímeros.

5.7. Resumen

En este capítulo se exploró el concepto de esfuerzo en el contexto de grandes deformaciones, lo cual es fundamental para comprender el comportamiento mecánico de materiales que experimentan cambios significativos de forma. Se analizó cómo la definición clásica de esfuerzo, como fuerza por unidad de área, debe adaptarse cuando se trata de deformaciones finitas. Se introdujo el tensor de esfuerzos de Cauchy $\boldsymbol{\sigma}$, que representa el esfuerzo verdadero en la configuración deformada y es esencial para describir las fuerzas internas en un material. Mediante los postulados de Cauchy, se estableció la relación entre el vector de tracción y el tensor de esfuerzos, asegurando el equilibrio dentro del material. Además, se presentaron el primer y segundo tensor de Piola-Kirchhoff, $\mathbf{P}$ y $\mathbf{S}$, referidos a la configuración de referencia no deformada y útiles en el análisis de deformaciones finitas. Se derivaron las relaciones entre estos tensores de esfuerzo y el tensor gradiente de deformación $\mathbf{F}$, destacando cómo se transforman entre configuraciones. El capítulo también discutió propiedades importantes de los tensores de esfuerzo, como su simetría y su relevancia en diferentes formulaciones mecánicas. Finalmente, se examinó el concepto de esfuerzos principales, enfatizando su importancia en la comprensión de la falla de materiales y en el desarrollo de criterios de resistencia bajo condiciones de carga multiaxial.

Referencias

1. Malvern, L. E. (1969). Introduction to the Mechanics of a Continuous Medium. Prentice-Hall.

2. Ogden, R. W. (1997). Non-linear Elastic Deformations. Dover Publications.

3. Holzapfel, G. A. (2000). Nonlinear Solid Mechanics: A Continuum Approach for Engineering. John Wiley & Sons.

4. Bower, A. F. (2009). Applied mechanics of solids. CRC Press.

5. Volokh, K. Y. (2016). Mechanics of Soft Materials. Springer.

## Capítulo 6

Fundamentos adicionales para el análisis de deformaciones finitas

Para establecer una base sólida en la descripción de materiales sometidos a grandes deformaciones, es esencial considerar principios fundamentales que vinculan la deformación y el esfuerzo con las leyes de la mecánica y la termodinámica. En este capítulo, se abordan tres conceptos clave que fortalecen el análisis previo: las ecuaciones de equilibrio derivadas de la conservación del momento lineal, los principios termodinámicos que rigen el comportamiento material y el concepto de objetividad en las leyes constitutivas.

6.1. Ley de conservación del momento lineal

La *ley de conservación del momento lineal* establece que la tasa de cambio del momento lineal de un cuerpo es igual a la suma de las fuerzas externas que actúan sobre él. En el contexto de la mecánica de medios continuos, esta ley se traduce en ecuaciones de equilibrio, que son fundamentales para describir el comportamiento mecánico de materiales deformables.

Consideremos un volumen de control $\mathcal{V}$ dentro del cuerpo deformable, limitado por una superficie $\mathcal{S}$. Aplicando el principio de conservación del momento lineal, obtenemos:

$$\frac{\mathrm{d}}{\mathrm{d}t} \int_{\mathcal{V}} \rho\, \mathbf{v}\, \mathrm{d}V = \int_{\mathcal{S}} \mathbf{t}\, \mathrm{d}A + \int_{\mathcal{V}} \rho\, \mathbf{b}\, \mathrm{d}V, \qquad (6.1)$$

donde ρ es la densidad del material, $\mathbf{v}$ es la velocidad, $\mathbf{t}$ es el vector de tracción en la superficie $\mathcal{S}$ y $\mathbf{b}$ es el vector de fuerza de cuerpo (como la gravedad).

Utilizando el teorema de divergencia y considerando que $\mathbf{t} = \boldsymbol{\sigma}\,\mathbf{n}$, donde $\boldsymbol{\sigma}$ es el tensor de esfuerzos de Cauchy y $\mathbf{n}$ es la normal externa a la superficie $\mathcal{S}$, la ecuación integral se convierte en una forma diferencial:

$$\rho\,\frac{\mathrm{D}\mathbf{v}}{\mathrm{D}t} = \nabla \cdot \boldsymbol{\sigma} + \rho\,\mathbf{b}, \tag{6.2}$$

donde $\dfrac{\mathrm{D}}{\mathrm{D}t}$ denota la derivada material o sustancial, y $\nabla \cdot \boldsymbol{\sigma}$ es la divergencia del tensor de esfuerzos.

En ausencia de aceleraciones significativas (condiciones cuasiestáticas) y fuerzas de cuerpo despreciables, las ecuaciones de equilibrio se reducen a:

$$\nabla \cdot \boldsymbol{\sigma} = \mathbf{0}. \tag{6.3}$$

Estas ecuaciones deben ser satisfechas en la configuración actual del cuerpo y constituyen condiciones esenciales al resolver problemas de equilibrio en medios continuos sometidos a grandes deformaciones (Malvern, 1969).

6.2. Principios termodinámicos y la segunda ley de la termodinámica

Los materiales reales están sujetos a las leyes de la termodinámica, que imponen restricciones sobre las posibles respuestas materiales. En particular, *la segunda ley de la termodinámica* establece que, en cualquier proceso termodinámico, la producción de entropía debe ser no negativa. Esto se traduce en la desigualdad de Clausius-Duhem, que en forma local se expresa como:

$$\rho\,\dot{\psi} + \rho\,s\,\dot{\theta} - \boldsymbol{\sigma} : \mathbf{d} - \frac{\mathbf{q} \cdot \nabla\theta}{\theta} \leq 0, \tag{6.4}$$

donde ψ es la energía libre específica de Helmholtz, s es la entropía específica, θ es la temperatura absoluta, $\mathbf{d}$ es el tensor de tasas de deformación, $\mathbf{q}$ es el vector de flujo de calor y $:$ denota el producto doble de tensores.

Bajo la hipótesis de procesos isotérmicos ($\dot{\theta} = 0$) y en ausencia de gradientes de temperatura ($\nabla\theta = \mathbf{0}$), la desigualdad se simplifica a:

$$\rho\,\dot{\psi} - \boldsymbol{\sigma} : \mathbf{d} \leq 0. \tag{6.5}$$

Esta expresión impone una restricción termodinámica sobre las posibles relaciones constitutivas entre esfuerzo y deformación. Para materiales elásticos, donde la respuesta depende únicamente del estado actual de deformación y no de su historia, la energía libre ψ es una función de los invariantes de los tensores de deformación. En el caso de materiales hiperelásticos, la energía libre se utiliza para derivar las ecuaciones constitutivas, asegurando el cumplimiento de las leyes termodinámicas (Holzapfel, 2000).

6.3. Concepto de objetividad y principio de materialidad

El *principio de objetividad* o invariancia bajo cambios de marco de referencia establece que las leyes físicas y las relaciones constitutivas deben ser independientes del observador, es decir, deben ser invariantes ante transformaciones de rotación y traslación del sistema de coordenadas. Consideremos una transformación de cambio de marco dado por una rotación rígida $\mathbf{Q}(t)$ y una traslación $\mathbf{c}(t)$:

$$\tilde{\mathbf{x}} = \mathbf{Q}(t)\,\mathbf{x} + \mathbf{c}(t). \tag{6.6}$$

Las cantidades objetivas son aquellas que permanecen invariantes bajo esta transformación. Por ejemplo, los vectores de posición $\mathbf{x}$ y velocidad $\mathbf{v}$ no son objetivos, pero la velocidad relativa y las tasas de deformación sí lo son. Así, en el contexto de modelos constitutivos de material, el principio de objetividad implica que las ecuaciones que relacionan esfuerzo y deformación deben ser formuladas en términos de cantidades objetivas. Esto asegura que las predicciones del modelo no dependan del sistema de coordenadas elegido.

El *principio de materialidad* o indiferencia al marco material complementa este concepto, indicando que las propiedades intrínsecas del material no deben cambiar debido a rotaciones rígidas del cuerpo. Por lo tanto, las funciones constitutivas deben ser invariantes bajo transformaciones materiales objetivas.

Para cumplir con estos principios, las funciones de respuesta material, como la energía libre ψ, se expresan en términos de invariantes o tensores objetivos. Por ejemplo, en materiales isotrópicos, la energía libre puede ser una función de los invariantes del tensor de Cauchy-Green derecho $\mathbf{C} = \mathbf{F}^{\top}\mathbf{F}$, que es objetivo y adecuado para describir deformaciones finitas (Truesdell y Noll, 2004).

6.4. Resumen

Los conceptos presentados en este capítulo son fundamentales para la formulación de modelos constitutivos en el análisis de grandes deformaciones. La conservación del momento lineal proporciona las ecuaciones de equilibrio necesarias para resolver problemas mecánicos. Los principios termodinámicos aseguran que las relaciones entre esfuerzo y deformación sean físicamente admisibles y energéticamente coherentes. Finalmente, el concepto de objetividad garantiza que las leyes constitutivas sean independientes del observador y reflejen las propiedades intrínsecas del material.

Al combinar estos principios con los tensores de deformación y esfuerzo introducidos en los capítulos anteriores, se establece una base sólida para desarrollar la teoría de la hiperelasticidad. Esta teoría permite describir materiales que exhiben comportamientos elásticos no lineales bajo grandes deformaciones, como los elastómeros, proporcionando modelos matemáticos que respetan las leyes fundamentales de la mecánica y la termodinámica.

En el próximo capítulo, se profundizará en la formulación de modelos hiperelásticos, utilizando los conceptos de energía libre y los tensores objetivos de deformación para derivar las ecuaciones constitutivas que describen el comportamiento mecánico de materiales sometidos a grandes deformaciones.

Referencias

1. Malvern, L. E. (1969). Introduction to the Mechanics of a Continuous Medium. Prentice-Hall.

2. Holzapfel, G. A. (2000). Nonlinear Solid Mechanics: A Continuum Approach for Engineering. John Wiley & Sons.

3. Truesdell, C., y Noll, W. (2004). The Non-Linear Field Theories of Mechanics. Springer.

## Capítulo 7

Hiperelasticidad

A diferencia de otros materiales, como las aleaciones metálicas o los cerámicos, muchos polímeros poseen la capacidad de recuperar su forma original incluso después de haber sido deformados significativamente. Este comportamiento es *hiperelástico*, porque exhibe reversibilidad y elasticidad a grandes deformaciones. De hecho, como se verá, esta elasticidad se describe por medio de la energía de deformación y, a diferencia de la elasticidad clásica, que está definida por la respuesta lineal de muchos materiales y guarda una proporcionalidad con el módulo de Young, el caso de la hiperelasticidad implica más parámetros de material dependiendo de cómo se describa la misma (Treloar, Treloar; Ogden, 1997).

Los modelos hiperelásticos utilizan funciones de energía de deformación para capturar el comportamiento no lineal bajo grandes deformaciones, permitiendo una representación más precisa de materiales como los elastómeros.

En lo sucesivo, se explica cómo es que, a partir de la energía de deformación, se pueden derivar diferentes medidas de esfuerzo, como el esfuerzo de Cauchy o los esfuerzos de Piola-Kirchhoff.

7.1. Energía de deformación

La energía de deformación representa la energía almacenada en un cuerpo cuando este se deforma bajo una carga. Desde un punto de vista físico, es el trabajo realizado por las fuerzas externas para deformar el material, que se convierte en energía potencial interna.

Matemáticamente, la energía de deformación se puede expresar por medio del concepto de densidad de energía de deformación, ψ, que es la energía por unidad de volumen almacenada en el material debido a deformaciones elásticas y reversibles. En el contexto de deformación finita, la densidad de energía de deformación es una función del tensor gradiente de deformación $\mathbf{F}$, o de tensores derivados como el tensor de Green-Lagrange $\mathbf{E}$ o el tensor de Cauchy-Green derecho $\mathbf{C}$. En concreto, para un material hiperelástico, el esfuerzo puede derivarse directamente de la densidad de energía de deformación (Holzapfel, 2000). En el caso unidimensional, se tiene que:

$$\sigma = \frac{d\psi}{d\varepsilon},$$

(7.1)

donde σ es el esfuerzo y ε es la deformación unitaria.

En el caso tridimensional, el incremento diferencial en el trabajo realizado por las fuerzas internas en un volumen de referencia V_0 está dado por (Malvern, 1969):

$$dW = \mathbf{P} : d\mathbf{F},$$

(7.2)

donde $\mathbf{P}$ es el primer tensor de Piola-Kirchhoff, $\mathbf{F}$ es el tensor gradiente de deformación y denota la doble contracción de tensores. La densidad de energía de deformación se define entonces como:

$$d\psi = \frac{dW}{dV_0} = \mathbf{P} : d\mathbf{F}.$$

(7.3)

Por lo tanto, el primer tensor de Piola-Kirchhoff se obtiene como la derivada de la densidad de energía de deformación respecto al tensor gradiente de deformación:

$$\mathbf{P} = \frac{\partial \psi}{\partial \mathbf{F}}.$$

(7.4)

Además, recordando que el primer tensor de Piola-Kirchhoff está relacionado con el segundo tensor de Piola-Kirchhoff $\mathbf{S}$ a través de:

$$\mathbf{P} = \mathbf{FS}.$$

(7.5)

Para relacionar $\mathbf{S}$ con la energía de deformación, aplicamos la regla de la cadena. Considerando que la densidad de energía de deformación es función del tensor de Green-Lagrange $\mathbf{E}$, es decir, $\psi = \psi(\mathbf{E})$, se tiene:

$$P = \frac{\partial \psi}{\partial F} = \frac{\partial \psi}{\partial E} : \frac{\partial E}{\partial F}. \tag{7.6}$$

El tensor de Green-Lagrange se define como:

$$E = \frac{1}{2}(F^\top F - I) = \frac{1}{2}(C - I), \tag{7.7}$$

donde $C = F^\top F$ es el tensor de Cauchy-Green derecho.

La derivada de E respecto a F es:

$$dE = \frac{1}{2}\left(dF^\top F + F^\top dF\right) \tag{7.8}$$

Sustituyendo 7.9 en la Ecuación 7.7, se obtiene:

$$P = F\frac{\partial \psi}{\partial E} \tag{7.9}$$

Dado que $S = \frac{\partial \psi}{\partial E}$, y usando la simetría de S, podemos escribir:

$$P = FS. \tag{7.10}$$

Comparando con la Ecuación 7.6, se confirma que $S = \frac{\partial \psi}{\partial E}$.

Asimismo, considerando que $C = 2E + I$, es posible relacionar la energía de deformación con C. La derivada de E respecto a C es:

$$\frac{\partial E}{\partial C} = \frac{1}{2}I. \tag{7.11}$$

Por lo tanto, la segunda ley de Piola-Kirchhoff se puede expresar como:

$$S = 2\frac{\partial \psi}{\partial C}. \tag{7.12}$$

Finalmente, el tensor de Cauchy σ se relaciona con la densidad de energía de deformación a través de:

$$\boldsymbol{\sigma} = J^{-1}\mathbf{PF}^\top = J^{-1}\mathbf{FSF}^\top = 2J^{-1}\mathbf{F}\frac{\partial\psi}{\partial\mathbf{C}}\mathbf{F}^\top, \quad \text{(7.13)}$$

donde $J = \det\mathbf{F}$.

Las ecuaciones anteriores muestran que el esfuerzo, en sus diferentes medidas, está directamente relacionado con la energía de deformación. Para el caso del modelado hiperelástico, un material cuyo esfuerzo se deriva de la energía de deformación se dice que es hiperelástico. Sin embargo, aunque las medidas de esfuerzo se derivan de gradientes de deformación, en la práctica se prefiere el uso de otras cantidades para formular modelos constitutivos de material a partir de la energía de deformación, como los alargamientos unitarios y los invariantes del tensor de deformación de Green.

7.2. Invariantes del tensor de deformación de Green

Los invariantes del tensor $\mathbf{C}$ son escalares que permanecen constantes bajo cualquier transformación de coordenadas. Estos invariantes son importantes para formular modelos constitutivos de hiperelasticidad (esto es, derivados de la energía de deformación) y para evaluar las propiedades mecánicas de los materiales bajo deformación. Los tres invariantes principales del tensor de deformación de Green son los siguientes:

$$I_1 = \text{tr}(\mathbf{C}), \quad \text{(7.14)}$$

$$I_2 = \frac{1}{2}\left[(\text{tr}(\mathbf{C}))^2 - \text{tr}(\mathbf{C}^2)\right], \quad \text{(7.15)}$$

$$I_3 = \det(\mathbf{C}), \quad \text{(7.16)}$$

donde I_1 es el primer invariante y representa la traza de $\mathbf{C}$; I_2 es el segundo invariante que refleja la combinación de las componentes de $\mathbf{C}$, y I_3 es el tercer invariante, relacionado con el determinante de $\mathbf{C}$ y representa la relación entre el volumen final y el volumen inicial del cuerpo deformado.

Las derivadas de los invariantes con respecto al tensor de deformación de Green son las siguientes:

$$\frac{\partial I_1}{\partial \mathbf{C}} = \mathbf{I}, \tag{7.17}$$

$$\frac{\partial I_2}{\partial \mathbf{C}} = I_1 \mathbf{I} - \mathbf{C}, \tag{7.18}$$

$$\frac{\partial I_3}{\partial \mathbf{C}} = I_3\, \mathbf{C}^{-1}. \tag{7.19}$$

Usando estas ecuaciones y la Ecuación 7.13, se tiene que el tensor de esfuerzo de Cauchy es:

$$\boldsymbol{\sigma} = 2J^{-1}\mathbf{F}\left(\frac{\partial \psi}{\partial I_1}\frac{\partial I_1}{\partial \mathbf{C}} + \frac{\partial \psi}{\partial I_2}\frac{\partial I_2}{\partial \mathbf{C}} + \frac{\partial \psi}{\partial I_3}\frac{\partial I_3}{\partial \mathbf{C}}\right)\mathbf{F}^{\top}, \tag{7.20}$$

por lo que, considerando las derivadas de los invariantes, se tiene entonces que:

$$\boldsymbol{\sigma} = 2J^{-1}\left(\frac{\partial \psi}{\partial I_1} + I_1\frac{\partial \psi}{\partial I_2}\right)\mathbf{b} - 2J^{-1}\frac{\partial \psi}{\partial I_2}\mathbf{b}^2 + 2J^{-1}I_3\left(\frac{\partial \psi}{\partial I_3}\right)\mathbf{I}. \tag{7.21}$$

Para el caso del tensor de Piola-Kirchhoff $\mathbf{S}$, tras un tratamiento similar, se obtiene la siguiente expresión:

$$\mathbf{S} = 2\left[\left(\frac{\partial \psi}{\partial I_1} + I_1\frac{\partial \psi}{\partial I_2}\right)\mathbf{I} - \frac{\partial \psi}{\partial I_2}\mathbf{C} + \frac{\partial \psi}{\partial I_3}\,I_3\mathbf{C}^{-1}\right]. \tag{7.22}$$

¿Por qué es preferible utilizar estas ecuaciones de esfuerzo en lugar de las presentadas en la sección anterior? En el modelado constitutivo de materiales hiperelásticos, como los elastómeros, los invariantes del tensor de deformación de Green y sus derivadas son fundamentales para formular relaciones constitutivas que describen con mayor precisión cómo estos materiales responden bajo diversas condiciones de carga. Al emplear invariantes, se logra una descripción más general y objetiva del comportamiento del material, ya que estos escalares permanecen inalterados bajo transformaciones de coordenadas.

Además, el tensor de deformación de Green puede descomponerse en una parte esférica (asociada al cambio de volumen) y una parte desviadora (asociada a cambios de forma sin cambio de volumen). Al centrarse en los invariantes correspondientes a la parte desviadora, se simplifican las leyes constitutivas y se mejora el ajuste con datos experimentales, ya que se separan los efectos volumétricos de los desviadores.

Los invariantes que corresponden a la parte desviadora son los siguientes:

$$\bar{I}_1 = J^{-2/3} I_1,$$
$$\bar{I}_2 = J^{-4/3} I_2, \tag{7.23}$$
$$\bar{I}_3 = 1.$$

Estos invariantes, que no describen los cambios volumétricos, simplifican las leyes constitutivas y mejoran el ajuste con datos experimentales al concentrarse únicamente en cómo el material resiste deformaciones de forma bajo cargas aplicadas.[1]

Entonces, la expresión que describe el esfuerzo de Cauchy en términos de los invariantes ajustados es la siguiente:

$$\boldsymbol{\sigma} = 2J^{-1} \left(\frac{\partial \psi}{\partial \bar{I}_1} + \bar{I}_1 \frac{\partial \psi}{\partial \bar{I}_2} \right) \bar{\mathbf{b}} - 2J^{-1} \frac{\partial \psi}{\partial \bar{I}_2} \bar{\mathbf{b}}^2 \tag{7.24}$$

$$+ \left(\frac{\partial \psi}{\partial J} - \frac{2\bar{I}_1}{3J} \frac{\partial \psi}{\partial \bar{I}_1} - \frac{4\bar{I}_2}{3J} \frac{\partial \psi}{\partial \bar{I}_2} \right) \mathbf{I},$$

donde:

$$\bar{\mathbf{b}} = (\det \mathbf{b})^{-1/3} \mathbf{b}. \tag{7.25}$$

Para el caso en que el esfuerzo de Cauchy depende únicamente de $\bar{I}_1$ y J, la expresión del esfuerzo se simplifica a:

$$\boldsymbol{\sigma} = 2J^{-1} \frac{\partial \psi}{\partial \bar{I}_1} \operatorname{dev} \bar{\mathbf{b}} + \frac{\partial \psi}{\partial J} \mathbf{I}. \tag{7.26}$$

---

1. Nótese que en la Ecuación 7.23, el tercer invariante es igual a la unidad; esto es así porque estos invariantes describen la parte del tensor de Green donde no existe cambio de volumen.

Aquí, $\mathbf{dev}\,\bar{\mathbf{b}}$ representa la parte desviadora del tensor $\bar{\mathbf{b}}$, y $\mathbf{I}$ es el tensor identidad. Esta expresión muestra que el esfuerzo de Cauchy se divide en una parte asociada a las deformaciones sin cambio de volumen y otra relacionada con los cambios volumétricos, lo cual simplifica el análisis y modelado de materiales incomprensibles como los elastómeros.

7.3. Alargamientos principales

Una medida de esfuerzo también se puede expresar a través de los alargamientos principales unitarios y la energía de deformación a través de su correspondiente representación espectral.

Los invariantes del tensor de deformación de Green $\mathbf{C}$, pueden expresarse en términos de los alargamientos principales $\lambda_1, \lambda_2, \lambda_3$:

$$
\begin{aligned}
I_1 &= \lambda_1^2 + \lambda_2^2 + \lambda_3^2, \\
I_2 &= \lambda_1^2\lambda_2^2 + \lambda_2^2\lambda_3^2 + \lambda_3^2\lambda_1^2, \\
I_3 &= \lambda_1^2\lambda_2^2\lambda_3^2.
\end{aligned}
\tag{7.27}
$$

Así, los esfuerzos principales de Cauchy se definen por la siguiente expresión:

$$
\sigma_i = \frac{2\lambda_i^2}{J} \sum_{j=1}^{3} \frac{\partial\psi}{\partial\lambda_j} \frac{\partial\lambda_j}{\partial C_{ii}}
\tag{7.28}
$$

además, si $\partial\lambda_i/\partial C_{ii} = 1/(2\lambda_i)$, entonces:

$$
\sigma_i = \frac{\lambda_i}{J} \frac{\partial\psi}{\partial\lambda_i},
\tag{7.29}
$$

por lo tanto, el esfuerzo de Cauchy se obtiene como sigue:

$$
\boldsymbol{\sigma} = \sum_{i=1}^{3} \frac{\lambda_i}{J} \frac{\partial\psi}{\partial\lambda_i} \hat{\mathbf{n}}_i \otimes \hat{\mathbf{n}}_i.
\tag{7.30}
$$

Para el caso de un esfuerzo de referencia, como lo es el tensor de Piola-Kirchhoff $\mathbf{P}$, se tiene que sus valores propios están dados por:

$$P_i = \frac{\partial \psi}{\partial \lambda_i}, \tag{7.31}$$

por lo tanto:

$$\mathbf{P} = \sum_{i=1}^{3} \frac{\partial \psi}{\partial \lambda_i} \hat{\mathbf{n}}_i \otimes \hat{\mathbf{N}}_i. \tag{7.32}$$

La elección de la representación del esfuerzo a partir bien de los alargamientos principales, de algún tensor de deformación o de los invariantes del tensor de Green, dependerán en gran medida de la formulación matemática de un material, pero también de su naturaleza y de los datos que se cuenten de ello.

7.4. Modos de deformación

La caracterización de los elastómeros se realiza mediante ensayos experimentales donde se aplican deformaciones graduales mientras se mide la fuerza resultante. Como se mencionó en la Sección 7.4.2, existen cuatro tipos de ensayos experimentales para caracterizar elastómeros: (a) uniaxiales, (b) biaxiales, (c) planares, y (d) volumétricos. Cada uno de estos ensayos puede ser descrito por una forma concreta del tensor gradiente de deformación.

A continuación se detallan las formas del tensor gradiente de deformación $\mathbf{F}$ en relación con los alargamientos principales λ_1, λ_2 y λ_3 para cada uno de estos ensayos:

Ensayos uniaxiales:

$$\lambda_1 = \lambda_{\mathrm{u}}, \quad \lambda_2 = \lambda_3 = \frac{1}{\sqrt{\lambda_{\mathrm{u}}}},$$

de manera que $\mathbf{F}$ se expresa como

$$\mathbf{F} = \begin{bmatrix} \lambda_{\mathrm{u}} & 0 & 0 \\ 0 & \frac{1}{\sqrt{\lambda_{\mathrm{u}}}} & 0 \\ 0 & 0 & \frac{1}{\sqrt{\lambda_{\mathrm{u}}}} \end{bmatrix}.$$

Ensayos biaxiales:

$$\lambda_1 = \lambda_2 = \lambda_{\mathrm{b}}, \quad \lambda_3 = \frac{1}{\lambda_{\mathrm{b}}^2},$$

por lo tanto, $\mathbf{F}$ se define como

$$\mathbf{F} = \begin{bmatrix} \lambda_{\mathrm{b}} & 0 & 0 \\ 0 & \lambda_{\mathrm{b}} & 0 \\ 0 & 0 & \frac{1}{\lambda_{\mathrm{b}}^2} \end{bmatrix}.$$

Ensayos planares:

$$\lambda_1 = \lambda_{\mathrm{p}}, \quad \lambda_2 = 1, \quad \lambda_3 = \frac{1}{\lambda_{\mathrm{p}}},$$

resultando en el tensor $\mathbf{F}$

$$\mathbf{F} = \begin{bmatrix} \lambda_{\mathrm{p}} & 0 & 0 \\ 0 & 1 & 0 \\ 0 & 0 & \frac{1}{\lambda_{\mathrm{p}}} \end{bmatrix}.$$

Ensayos volumétricos:

En este caso, el tensor gradiente de deformación adopta una forma diagonal con alargamientos principales $\lambda = \left(\frac{V}{V_0}\right)^{1/3}$, donde V es el volumen deformado y V_0 el volumen inicial.

La caracterización de los modos de deformación de los elastómeros mediante ensayos uniaxiales, biaxiales, planares y volumétricos permite obtener una comprensión detallada de su comportamiento mecánico. La descripción precisa del tensor gradiente de deformación $\mathbf{F}$ en función de los alargamientos principales λ_1, λ_2 y λ_3 proporciona una base fundamental para el análisis y modelado de estos materiales, facilitando así su aplicación en diversas áreas (por ejemplo, en el diseño mecánico de piezas elastoméricas).

7.5. Incompresibilidad

Un material se considera incompresible si el tercer invariante del tensor de deformación de Green, I_3, es igual a la unidad a lo largo de su deformación, indicando que el volumen se conserva, es decir, es una condición isocórica (Holzapfel, 2000):

$$I_3 = \det(\mathbf{C}) = \lambda_1^2 \lambda_2^2 \lambda_3^2 = 1. \qquad (7.33)$$

Además, para un material incompresible, el producto de los alargamientos en cada dirección principal debe ser igual a uno, lo que implica que:

$$\lambda_1 \lambda_2 \lambda_3 = 1. \qquad (7.34)$$

Esto significa que si uno de los alargamientos es mayor que uno (estiramiento en una dirección), al menos uno de los otros dos debe ser menor que uno (compresión en otra dirección), de manera que el producto total no cambie, preservando así el volumen.

La condición de incompresibilidad puede integrarse en las ecuaciones constitutivas mediante la introducción de un término de presión de Lagrange, que ajusta las tensiones internas para mantener el volumen constante bajo deformación:

$$\boldsymbol{\sigma} = -p\mathbf{I} + \mathbf{F} \left(2 \frac{\partial \psi}{\partial \mathbf{C}} \right) \mathbf{F}^\top \qquad (7.35)$$

donde p es la presión de Lagrange, que se ajusta para satisfacer la condición de incompresibilidad.

El tema de la incompresibilidad se abordará en capítulos posteriores, ya que el análisis de la respuesta mecánica de elastómeros generalmente considera a estos materiales como incompresibles.

7.6. Resumen

Este capítulo revisó el concepto de hiperelasticidad desde una perspectiva matemática. Se analizó cómo la energía de deformación se relaciona con distintas medidas de esfuerzo, incluyendo el esfuerzo de Cauchy y los tensores de Piola-Kirchhoff. Se introdujeron los invariantes del tensor de deformación de Green, resaltando su importancia en la formulación de modelos constitutivos para materiales hiperelásticos. Al utilizar estos invariantes, se logra una descripción más precisa y general del comportamiento mecánico bajo diversas condiciones de carga, facilitando la predicción eficiente de deformaciones finitas y mejorando el diseño de componentes y estructuras mediante relaciones constitutivas simplificadas que se ajustan mejor a los datos experimentales.

Referencias

1. Treloar, L. R. G. (1975). The Physics of Rubber Elasticity. Oxford University Press.

2. Ogden, R. W. (1997). Non-linear Elastic Deformations. Dover Publications.

3. Holzapfel, G. A. (2000). Nonlinear Solid Mechanics: A Continuum Approach for Engineering. John Wiley & Sons.

4. Malvern, L. E. (1969). Introduction to the Mechanics of a Continuous Medium. Prentice-Hall.

## Capítulo 8

Modelos hiperelásticos

La comprensión detallada y precisa del comportamiento mecánico de los elastómeros bajo diversas condiciones de carga es esencial para numerosas aplicaciones
industriales y de investigación. Sin ella, sería, por ejemplo, todo un desafío predecir
la vida útil de los neumáticos de un automóvil durante su diseño, o bien, evaluar la
capacidad estructural de muchos sellos mecánicos en un automotor. De hecho, el
comportamiento mecánico de un elastómero se simula y reproduce a través de los
llamados *modelos hiperelásticos*.

A lo largo de este capítulo, se explorarán algunos de los modelos constitutivos
de hiperelasticidad más utilizados en el análisis de los elastómeros. Estos modelos no
solo ayudan a prever cómo estos materiales se comportan bajo situaciones de carga
y deformación, sino que también proporcionan las bases para diseñar productos más
seguros y eficientes.

Inicialmente, y por su relevancia histórica, se presenta el modelo de Mooney-
Rivlin, fundamental para los análisis preliminares en el campo de la hiperelasticidad.
Luego se explorarán otros modelos, destacando el modelo de Ogden, reconocido por
su capacidad para modelar de manera más precisa la respuesta no lineal de los elastómeros a deformaciones complejas. Finalmente, se presentan modelos basados en
la física interna del material, como el modelo de Arruda-Boyce, que se fundamenta
en consideraciones microscópicas y ofrece una perspectiva sobre cómo las características a nivel molecular influyen en el comportamiento macroscópico del material.

Este enfoque progresivo hacia modelos cada vez más sofisticados permitirá a
los lectores no solo entender las limitaciones y aplicaciones de cada modelo, sino
también cómo cada uno contribuye a una comprensión integral del comportamiento
de los elastómeros bajo diversas cargas.

8.1. Clasificación de los modelos hiperelásticos

Los modelos hiperelásticos son funciones de la energía de deformación $\psi(\cdot)$ que se genera en un material cuando este se somete a una carga que lo deforma. Según el enfoque adoptado para desarrollar la función de energía de deformación, estos modelos se pueden clasificar en tres categorías principales: (i) fenomenológicos, (ii) microestructurales, y (iii) empíricos. Cada uno de estos se presenta a continuación.

8.1.1. Modelos fenomenológicos

La primera categoría comprende los modelos derivados de desarrollos matemáticos de $\psi(\cdot)$, como la serie de Rivlin o los modelos propuestos por Ogden. Estos modelos, comúnmente conocidos como modelos fenomenológicos, se basan en una descripción puramente matemática del comportamiento del material, sin considerar explícitamente su estructura interna. Aunque pueden proporcionar un ajuste preciso a los datos experimentales, la determinación de sus parámetros constitutivos puede ser un desafío, ya que se requiere de algoritmos de optimización computacional. Además, su capacidad predictiva puede verse comprometida cuando se utilizan fuera del rango de deformación en el que se identificaron sus parámetros.

8.1.2. Modelos basados en la microestructura

La segunda categoría incluye los modelos desarrollados a partir de consideraciones físicas que tienen en cuenta la estructura microscópica del material. Estos modelos se fundamentan en la física de las redes de cadenas poliméricas y en métodos estadísticos para describir el comportamiento macroscópico. La incorporación de información sobre los mecanismos subyacentes conduce a diferentes funciones de energía de deformación, dependiendo de los fenómenos microscópicos considerados. Aunque poseen una base física sólida, su formulación matemática puede ser compleja, lo que puede dificultar su implementación y ajuste a datos experimentales.

8.1.3. Modelos empíricos basados en datos experimentales

La tercera categoría engloba los modelos en los que las funciones del material $\dfrac{\partial \psi}{\partial I_1}$ y $\dfrac{\partial \psi}{\partial I_2}$ se determinan directamente a partir de datos experimentales, como en los trabajos de Rivlin y Saunders (Rivlin, 1948). Este enfoque permite una representación más directa del comportamiento observado del material, evitando la necesidad de ajustar una función matemática predefinida. Sin embargo, la calidad de estos modelos depende en gran medida de la precisión de los datos experimentales disponibles.

Debido a su especificidad y a que suelen estar adaptados a materiales particulares, más allá de esta mención no se profundizará en estos modelos hiperelásticos en este libro.

Cada una de estas categorías ofrece diferentes ventajas y limitaciones, y la elección del modelo más adecuado dependerá de los objetivos específicos del estudio, la disponibilidad de datos experimentales y la complejidad del comportamiento del material que se desea capturar.

En las siguientes secciones se revisarán algunos de los modelos hiperelásticos más comúnmente utilizados para capturar el comportamiento de los elastómeros, enfocándose en sus expresiones de energía de deformación y su derivación para encontrar las correspondientes relaciones constitutivas, como los tensores de esfuerzo mencionados en los capítulos 5 y 7.

8.2. Modelo de Mooney-Rivlin

El modelo de Mooney-Rivlin, presentado inicialmente por Melvin Mooney en 1940 (Mooney, 1940) y posteriormente desarrollado por Ronald Rivlin en 1948 (Rivlin, 1948), es uno de los más antiguos y fundamentales en la teoría de los modelos hiperelásticos. Este modelo es especialmente utilizado para describir el comportamiento del caucho y otros elastómeros bajo deformaciones moderadas, y es eficaz para reproducir la respuesta no lineal de los elastómeros cuando las deformaciones no son excesivamente grandes como para requerir modelos más complejos.

El modelo de Mooney-Rivlin se basa en la suposición de que la energía de deformación, ψ, es una función de los dos primeros invariantes del tensor de deformación, I_1 e I_2, asociados con la parte isocórica de la deformación (sin cambio de volumen). Además, puede incluir un término volumétrico para materiales ligeramente compresibles.

La función de energía de deformación para el modelo de Mooney-Rivlin se expresa como la suma de una parte isocórica y una volumétrica:

$$\psi_{\mathrm{MR}} = \psi_{\mathrm{iso}} + \psi_{\mathrm{vol}}, \tag{8.1}$$

donde, de acuerdo con Rivlin (1948), la parte isocórica es la siguiente:

$$\psi_{\mathrm{iso}}(\bar{I}_1, \bar{I}_2) = C_{10}(\bar{I}_1 - 3) + C_{01}(\bar{I}_2 - 3), \tag{8.2}$$

y la parte volumétrica es:

$$\psi_{\text{vol}}(J) = \frac{\kappa}{2}(J-1)^2,$$ (8.3)

donde C_{10} y C_{01} son constantes de material determinadas experimentalmente, κ es el módulo volumétrico, $\bar{I}_1$ y $\bar{I}_2$ son los invariantes modificados del tensor deformación, definidos como:

$$\bar{I}_1 = J^{-2/3}I_1, \quad \bar{I}_2 = J^{-4/3}I_2,$$ (8.4)

e I_1 e I_2 son los primeros invariantes del tensor deformación. Aquí, J es el determinante del gradiente de deformación, representando el cambio de volumen.

Derivando la energía de deformación respecto a los invariantes modificados y a J, se obtiene:

$$\frac{\partial \psi_{\text{MR}}}{\partial \bar{I}_1} = C_{10},$$ (8.5)

$$\frac{\partial \psi_{\text{MR}}}{\partial \bar{I}_2} = C_{01},$$ (8.6)

$$\frac{\partial \psi_{\text{MR}}}{\partial J} = \kappa(J-1) - \frac{2}{3J}(C_{10}\bar{I}_1 + 2C_{01}\bar{I}_2)$$ (8.7)

Luego, usando la Ecuación ?? del Capítulo 7 y las definiciones anteriores, el tensor de esfuerzos de Cauchy se puede expresar como sigue:

$$\boldsymbol{\sigma} = 2J^{-1}\left(\frac{\partial \psi_{\text{MR}}}{\partial \bar{I}_1}\bar{\mathbf{b}} + \frac{\partial \psi_{\text{MR}}}{\partial \bar{I}_2}\bar{\mathbf{b}}^{-1}\right) + \left(J^{-1}\frac{\partial \psi_{\text{MR}}}{\partial J}\right)\mathbf{I},$$ (8.8)

donde $\bar{\mathbf{b}}$ es el tensor de deformación de Cauchy-Green izquierdo en su forma isocórica, y $\mathbf{I}$ es el tensor identidad. Finalmente, sustituyendo las derivadas obtenidas en las Ecuaciones (8.4), (8.5) y (8.6), se obtiene la expresión completa del tensor de tensiones para el modelo de Mooney-Rivlin:

$$\boldsymbol{\sigma}\left(\bar{I}_1, \bar{I}_2, J\right) = 2J^{-1}\left(C_{10} + \bar{I}_1 C_{01}\right)\bar{\mathbf{b}} - 2C_{01}J^{-1}\bar{\mathbf{b}}^2 \tag{8.9}$$

$$+ \left(\kappa\left(J - 1\right) - \frac{2C_{10}\bar{I}_1}{3J} - \frac{4C_{01}\bar{I}_2}{3J}\right)\mathbf{I}.$$

El modelo de Mooney-Rivlin es útil en aplicaciones industriales donde los elastómeros están sujetos a deformaciones moderadas, como en juntas y sellos, proporcionando una buena aproximación al comportamiento real de estos materiales. Sin embargo, presenta limitaciones cuando las deformaciones son muy grandes. En el caso del caucho, por ejemplo, para deformaciones superiores al 200% de la longitud original, este modelo puede no estimar con precisión la respuesta mecánica real del material (Treloar, 1975; Ogden, 1997).

8.3. Modelo Neo-Hookean

El modelo Neo-Hookean, o en otros textos conocido también como *Neo Hooke*, es un enfoque especialmente útil para representar la respuesta elástica inicial de los elastómeros bajo deformaciones muy moderadas (menos del 20% para materiales como el caucho) (Treloar, 1975). Este modelo se deriva como una simplificación del modelo de Mooney-Rivlin, considerando solo el primer término asociado con el primer invariante del tensor de deformación de Green (Ogden, 1997).

La función de energía de deformación para el modelo Neo-Hookean se expresa como:

$$\psi_{\mathrm{NH}}(I_1, J) = C_1(I_1 - 3 - 2\ln J) + D_1(J - 1)^2, \tag{8.10}$$

donde C_1 y D_1 son constantes de material, que se determinan experimentalmente y están relacionadas con el módulo de cortante μ y el primer parámetro de Lamé λ_L, respectivamente:[1]

$$C_1 = \frac{\mu}{2}, \tag{8.11}$$

1. Es importante no confundir el parámetro de Lamé con los alargamientos principales de deformación.

$$D_1 = \frac{\lambda_L}{2}. \tag{8.12}$$

Al igual que en el modelo de Mooney-Rivlin, el término -3 garantiza que la energía de deformación sea cero en el estado no deformado, es decir, cuando el material está en su configuración inicial sin aplicar ninguna carga. Una formulación alternativa del modelo Neo-Hookean, descrita en términos de los invariantes de deformación ajustados, es la siguiente (Ogden, 1997):

$$\psi_{\mathrm{NH}}(\bar{I}_1, J) = \frac{\mu}{2}(\bar{I}_1 - 3) + \frac{\kappa}{2}(J - 1)^2 \tag{8.13}$$

donde κ también es una constante de material a determinar experimentalmente. Teniendo en cuenta la Ecuación (8.13), es fácil notar que:

$$\frac{\partial \psi_{\mathrm{NH}}}{\partial \bar{I}_1} = \frac{\mu}{2},$$
$$\frac{\partial \psi_{\mathrm{NH}}}{\partial J} = \kappa\left(J - 1\right), \tag{8.14}$$

por lo que, al sustituir en la Ecuación ?? del Capítulo 7, el esfuerzo de Cauchy para el modelo Neo-Hookean es el siguiente:

$$\boldsymbol{\sigma}\left(\bar{I}_1, J\right) = \frac{\mu}{J}\operatorname{dev}\bar{\mathbf{b}} + \kappa\left(J - 1\right)\mathbf{I}. \tag{8.15}$$

En la comunidad de la ingeniería mecánica y las ciencias aplicadas, el modelo Neo-Hookean es apreciado por su simplicidad y eficacia, pues es una buena aproximación para pequeñas a moderadas deformaciones en muchos materiales (Treloar, 1975). Es un modelo parsimonioso, es decir, presenta interpretabilidad en sus parámetros y no es excesivamente complejo. También es utilizado en aplicaciones de ingeniería para el análisis y diseño de productos de caucho y otros polímeros elásticos en los que la deformación se limita a menos del 10% (Boyce y Arruda, 2001). Además, su forma funcional simple hace que sea particularmente conveniente para análisis y simulaciones numéricas, facilitando la evaluación del comportamiento de materiales bajo cargas complejas sin requerir una cantidad excesiva de parámetros de material.

A pesar de su simplicidad, el modelo Neo-Hookean proporciona una base sólida para comprender el comportamiento fundamental de los elastómeros y es a menudo utilizado como punto de partida para modelos más complejos que incorporan efectos adicionales como la anisotropía y la dependencia de la velocidad de deformación (Ogden, 1997).

8.4. Modelo de Yeoh

El modelo de Yeoh es una función muy recurrida en el estudio de los materiales elastómeros. Fue fue propuesto por O. H. Yeoh (Yeoh, 1993), y diseñado específicamente para capturar el comportamiento no lineal de los elastómeros sometidos a grandes deformaciones. A diferencia de los modelos Neo-Hookean y Mooney-Rivlin, efectivos para deformaciones pequeñas a moderadas, el modelo de Yeoh se centra en ofrecer una descripción precisa del material bajo deformaciones más allá del 100%.

La energía de deformación en el modelo de Yeoh se expresa como una serie de potencias del primer invariante ajustado $\bar{I}_1$ del tensor de deformación isocórico:

$$\psi_{\text{Yeoh}}\left(\bar{I}_1, J\right) = \sum_{n=1}^{3} C_{n0}(\bar{I}_1 - 3)^n + \frac{\kappa}{2}\left(J - 1\right)^2,$$

donde las constantes C_{n0} son parámetros de material determinados experimentalmente, y κ es el módulo volumétrico. El término $(\bar{I}_1 - 3)$ representa la desviación del primer invariante ajustado respecto al estado no deformado.

A partir de esta ecuación, se derivan las siguientes relaciones:

$$\frac{\partial \psi_{\text{Yeoh}}}{\partial \bar{I}_1} = \sum_{n=1}^{3} n C_{n0}(\bar{I}_1 - 3)^{n-1}, \tag{8.17}$$

y

$$\frac{\partial \psi_{\text{Yeoh}}}{\partial J} = \kappa(J - 1). \tag{8.18}$$

Dado que la dependencia de la energía de deformación se relaciona únicamente con $\bar{I}_1$ y J, sustituyendo las Ecuaciones 8.17 y 8.18 en la Ecuación ??, se obtiene el esfuerzo de Cauchy como sigue:

$$\boldsymbol{\sigma}\left(\bar{I}_1, J\right) = \frac{2}{J}\left(\sum_{n=1}^{3} nC_{n0}(\bar{I}_1 - 3)^{n-1}\right) \operatorname{dev}\bar{\mathbf{b}} + \kappa\left(J - 1\right)\mathbf{I},$$

(8.19)

donde $\operatorname{dev}\bar{\mathbf{b}}$ es la parte desviadora del tensor de deformación de mano izquierda isocórico $\bar{\mathbf{b}}$.

La serie matemática que se refleja en el modelo de Yeoh facilita una aproximación flexible y precisa del comportamiento hiperelástico de muchos materiales flexibles, destacando a los elastómeros, y siendo particularmente valiosa cuando el material exhibe un endurecimiento notable a medida que la deformación se incrementa (Yeoh, 1993).

El modelo de Yeoh es particularmente valorado por su capacidad de adaptarse a los datos experimentales con alta fidelidad, lo que lo hace adecuado para aplicaciones críticas donde la precisión en la predicción del comportamiento bajo carga es esencial. Su uso es común en la industria automotriz y en la fabricación de componentes biomédicos, donde los elastómeros deben soportar grandes deformaciones mientras mantienen sus propiedades mecánicas dentro de rangos operativos seguros (Gent, 2012). Además, la formulación de Yeoh es beneficiosa para estudios avanzados de durabilidad y fatiga de materiales, proporcionando un marco robusto para entender cómo las propiedades de los elastómeros cambian con el tiempo y bajo condiciones de carga repetitivas (Diani, 2009).

8.5. Modelo Polinomial

El modelo polinomial es una extensión de los modelos hiperelásticos de Mooney-Rivlin, Neo-Hookean y Yeoh, que permite una mayor flexibilidad en la representación del comportamiento mecánico de los elastómeros bajo una amplia gama de deformaciones (Ogden, 1997). Este modelo utiliza una serie de términos polinomiales basados en los invariantes del tensor de deformación, proporcionando una formulación precisa y adaptable para describir las respuestas no lineales de un material no lineal.

La energía de deformación en el modelo polinomial se define como sigue:

$$\psi_{\mathrm{P}}\left(\bar{I}_1, \bar{I}_2, J\right) = \sum_{i=0}^{N} \sum_{j=0}^{N} C_{ij}(\bar{I}_1 - 3)^i (\bar{I}_2 - 3)^j + \sum_{k=1}^{N} \frac{1}{D_k}\left(J - 1\right)^{2k}$$

(8.20)

donde C_{ij} son coeficientes de material que se determinan experimentalmente, y D_k son constantes relacionadas con la compresibilidad del material. En la práctica, el número de términos en las sumas tiende a limitarse a números no muy grandes para mantener la simplicidad del modelo y evitar sobreajuste en los datos (Boyce y Arruda, 2001).[2]

Esta serie polinomial permite a los diseñadores y analistas ajustar el modelo para capturar comportamientos específicos observados en pruebas de materiales, como endurecimiento progresivo, compresión y respuesta mecánica a diferentes tipos de carga (Gent, 2012).

El modelo polinomial es especialmente útil para la predicción de esfuerzos en aplicaciones donde los materiales están sujetos a condiciones de carga complejas y variadas, tales como componentes en maquinaria pesada, neumáticos de alto rendimiento y dispositivos médicos implantables (Diani, 2009). Su capacidad para ser ajustado según las características específicas del material lo hace invaluable para el diseño de productos que requieren un alto grado de confiabilidad y desempeño bajo condiciones extremas.

Además, el modelo polinomial facilita la integración de efectos de anisotropía y dependencia de la tasa de deformación al ajustar los coeficientes para diferentes orientaciones y velocidades de deformación, proporcionando así una herramienta completa para el análisis y la simulación de la vida útil de los elastómeros en entornos operativos dinámicos (Holzapfel, 2000).

8.6. Modelo de Ogden

Formulado por Raymond Ogden, este modelo es uno de los modelos constitutivos más avanzados y versátiles para describir el comportamiento de materiales hiperelásticos como los elastómeros, particularmente aquellos que experimentan

---

2. El sobreajuste se refiere a una situación estadística donde un modelo es capaz de ajustar con muy alta precisión los datos con los que es calibrado y optimizado, pero que no puede generalizar predicciones nuevas, pues solo no es capaz de aproximar nuevos datos.

deformaciones finitas (Ogden 1972; Ogden 1997). La principal ventaja de este modelo radica en su capacidad para capturar con precisión la respuesta altamente no lineal de un material mediante una serie de términos que expresan la energía de deformación en función de los alargamientos principales. El modelo de Ogden ha sido fundamental para el avance de la teoría de la elasticidad no lineal en diversas direcciones importantes.

La función de energía de deformación propuesta por Ogden se define como una suma ponderada de potencias de los alargamientos principales λ_j:

$$\psi_{\text{Ogden}}(\lambda_1, \lambda_2, \lambda_3) = \sum_{i=1}^{N} \frac{2\mu_i}{\alpha_i^2} \left(\lambda_1^{\alpha_i} + \lambda_2^{\alpha_i} + \lambda_3^{\alpha_i} - 3 + \frac{1}{\beta_i} \left(J^{-\alpha_i \beta_i} - 1 \right) \right)$$

(8.21)

donde μ_i son parámetros que están relacionados con el módulo cortante inicial del material:

$$\mu_0 = \sum_{i=1}^{N} \mu_i > 0,$$

(8.22)

y los parámetros β_i están relacionados con el módulo volumétrico del material K_0 tal que:

$$K_0 = \sum_{i=1}^{N} 2\mu_i \left(\frac{1}{3} + \beta_i \right) > 0,$$

(8.23)

además, los parámetros α_i son exponentes adimensionales que caracterizan la no linealidad de un material.

De la Ecuación (8.21), para $j \in \{1, 2, 3\}$, entonces:

$$\frac{\partial \lambda_j^{\alpha_i}}{\partial \lambda_j} = \alpha_i \lambda_j^{\alpha_i - 1},$$

(8.24)

y el término volumétrico J:

$$\frac{\partial J^{-\alpha_i \beta_i}}{\partial \lambda_j} = \frac{\partial}{\partial \lambda_j} (\lambda_1 \lambda_2 \lambda_3)^{-\alpha_i \beta_i} = -\alpha_i \beta_i J^{-\alpha_i \beta_i} \frac{1}{\lambda_j},$$

(8.25)

luego, sumando estos resultados, se tiene que:

$$\frac{\partial \psi_{\text{Ogden}}}{\partial \lambda_j} = \sum_{i=1}^{N} \frac{2\mu_i}{\alpha_i} \left(\lambda_j^{\alpha_i - 1} - J^{-\alpha_i \beta_i} \frac{1}{\lambda_j} \right).$$ (8.26)

Finalmente, de la Ecuación 7.29 y esta última Ecuación 8.26, se obtienen los esfuerzos principales de Cauchy:

$$\sigma_j = \frac{1}{J} \sum_{i=1}^{N} \frac{2\mu_i}{\alpha_i} \left(\lambda_j^{\alpha_i} - J^{-\alpha_i \beta_i} \right), \quad \text{para } j \in \{1, 2, 3\}.$$ (8.27)

De las descripciones anteriores, es posible percatarse de que, contrario a los modelos vistos hasta este punto, el modelo de Ogden está en función de los alargamientos principales λ_j, y no de los invariantes del tensor de Green o de sus invariantes ajustados. Esto implica que la función de energía de deformación de Ogden se expresa directamente en términos de los alargamientos principales, lo que permite una interpretación física más directa de la respuesta del material; la ventaja de usar los alargamientos principales en lugar de los invariantes del tensor de Green es que los primeros tienen una interpretación física más clara y directa que estos últimos.

El modelo de Ogden es especialmente adecuado para representar el comportamiento de elastómeros que exhiben respuestas tensión-deformación que no se ajustan a las relaciones lineales o incluso no lineales simples convencionales. Gracias a su flexibilidad y precisión, el modelo de Ogden se emplea ampliamente en el diseño y análisis de productos que requieren un desempeño sobresaliente bajo deformaciones extremas, como en aplicaciones automotrices, aeroespaciales y biomédicas, donde la exactitud en la predicción del comportamiento del material es fundamental para garantizar la seguridad y eficacia (Ogden 1972; Ogden 1997). También es un modelo base para construir modelos más complejos que toman en cuenta anisotropía o viscoelasticidad en un material (Holzapfel, 2000).

8.7. Modelo de Gent

Propuesto por Alan N. Gent (1996), este modelo es un enfoque hiperelástico para simular el comportamiento mecánico de los elastómeros y que tiene en cuenta la limitación del estiramiento máximo de las cadenas poliméricas de un material. Este modelo es especialmente relevante para describir la respuesta de materiales cuando son sometidos a grandes deformaciones, proporcionando una descripción precisa del fenómeno de endurecimiento que ocurre cuando las cadenas de polímero se acercan a su extensión máxima.

El modelo se basa en la idea de que existe un límite J_m de estiramiento intrínseco en las cadenas poliméricas, más allá del cual el material no puede estirarse sin sufrir daños. Matemáticamente, este comportamiento se describe mediante la función de energía de deformación, que se modifica para incorporar un factor que limita la extensión máxima admisible de las cadenas:

$$\psi_{\text{Gent}}(I_1, J) = -\frac{\mu J_m}{2} \ln\left(1 - \frac{I_1 - 3}{J_m}\right) + \frac{\kappa}{2}(J - 1)^2 \quad (8.28)$$

donde μ es el módulo de corte inicial del material, κ es el módulo volumétrico, I_1 es el primer invariante del tensor de deformación de Cauchy-Green y J es el determinante del gradiente de deformación (Gent, 1996).

La derivada de esta función con respecto al alargamiento principal λ en una deformación uniaxial es la siguiente (Ogden, 1997):

$$\frac{\partial \psi_{\text{Gent}}}{\partial \lambda} = \mu \lambda \left(\frac{1}{1 - \frac{I_1 - 3}{J_m}}\right) \quad (8.29)$$

por lo tanto, los esfuerzos principales de Cauchy se obtienen como sigue:

$$\sigma_i = \lambda_i \frac{\partial \psi_{\text{Gent}}}{\partial \lambda_i} - p, \quad \text{para } i \in \{1, 2, 3\} \quad (8.30)$$

donde p es una presión hidrostática que garantiza el equilibrio en materiales incompresibles.

El modelo de Gent es particularmente útil para simular el comportamiento de elastómeros bajo condiciones de carga severas, donde los materiales están sujetos a deformaciones que se acercan a sus límites físicos. A diferencia de otros modelos que pueden predecir un endurecimiento ilimitado o comportamientos no físicos bajo grandes deformaciones, el modelo de Gent proporciona una transición suave hacia un comportamiento rígido conforme las cadenas poliméricas alcanzan su extensión máxima (Gent, 1996).

Una de las principales ventajas del modelo de Gent es su capacidad para ajustarse con precisión a datos experimentales en materiales que muestran un claro límite de estiramiento, como muchos elastómeros comerciales (Horgan, 2010). Además, su formulación matemática relativamente simple facilita la implementación en software de elementos finitos y otras herramientas de simulación. Sin embargo, una limitación importante es que el modelo presupone un comportamiento isotrópico y homogéneo del material, lo que puede no ser adecuado para materiales compuestos o altamente anisotrópicos. La determinación precisa del parámetro J_m requiere experimentación cuidadosa, ya que es crucial para capturar el comportamiento mecánico correcto del material.

En resumen, el modelo de Gent representa una herramienta poderosa y eficaz para el análisis y diseño de componentes elastoméricos sometidos a altas deformaciones. Su inclusión en el estudio de modelos hiperelásticos permite a los ingenieros y científicos de materiales prever con mayor exactitud el comportamiento de los elastómeros en aplicaciones prácticas, asegurando la funcionalidad de los productos finales bajo condiciones extremas.

8.8. Modelo de Arruda-Boyce

El modelo de Arruda-Boyce, también conocido como el modelo *eight-chain model*, es un modelo constitutivo específicamente diseñado para describir el comportamiento hiperelástico de los elastómeros. Fue propuesto por Ellen M. Arruda y Mary C. Boyce en 1993 (Arruda y Boyce), y se basa en una representación idealizada de la estructura molecular de los elastómeros, considerando una red de cadenas poliméricas interconectadas entre sí.

La función de energía de deformación del modelo de Arruda-Boyce se expresa como sigue:

$$\psi_{\mathrm{AB}} = \mu \sum_{i=1}^{N} \frac{c_i}{L_m^{2i-2}} \left(\bar{I}_1^i - 3^i \right) + \frac{1}{D} \left(\frac{J^2 - 1}{2}_{(8.31)} \ln J \right),$$

donde L_m es el límite de estiramiento que describe el comienzo de la fase de endurecimiento en tensión (también llamado estiramiento de bloqueo); μ es el módulo de corte inicial; N es el número de términos en la serie (usualmente $N = 5$ es suficiente); $\bar{I}_1$ es el primer invariante del tensor de deformación de Cauchy-Green derecho modificado; J es el determinante del tensor de gradiente de deformación; y

D es el parámetro de compresibilidad del material. Los coeficientes c_i son constantes que dependen de i y están definidos como (Arruda y Boyce, 1993):

$$c_1 = \frac{1}{2}, \quad c_2 = \frac{1}{20}, \quad c_3 = \frac{11}{1050}, \quad c_4 = \frac{19}{7000}, \quad c_5 = \frac{519}{673750} \tag{8.32}$$

Una de las principales ventajas del modelo de Arruda-Boyce es su capacidad para representar el comportamiento hiperelástico de los elastómeros con un número reducido de parámetros materiales. Además, tiene una base física sólida, ya que considera la estructura molecular de los elastómeros al modelar la red de cadenas poliméricas como cadenas gaussianas con limitación de estiramiento máximo.

El modelo de Arruda-Boyce captura el efecto de endurecimiento que ocurre cuando las cadenas de polímero se acercan a su extensión máxima, lo cual es esencial para predecir el comportamiento de los elastómeros bajo grandes deformaciones. La presencia del parámetro L_m permite modelar este comportamiento, ya que representa el límite de estiramiento de la cadena.

Sin embargo, este modelo tiene limitaciones que deben tenerse en cuenta: puede tener dificultades para ajustarse a datos experimentales en ciertos rangos de deformación, especialmente a bajas deformaciones. A pesar de esto, el modelo de Arruda-Boyce sigue siendo ampliamente utilizado en la modelización de elastómeros debido a su capacidad para capturar el comportamiento hiperelástico esencial de estos materiales (Boyce y Arruda, 2001).

Es importante aclarar que la energía de deformación de la Ecuación (8.28) corresponde al caso de un material ligeramente compresible, y es una de múltiples variaciones que se pueden encontrar en la literatura del modelo de Arruda-Boyce. En el caso de materiales incompresibles, el término volumétrico se omite y se impone la condición $J = 1$.

Además, el modelo de Arruda-Boyce se ha utilizado en aplicaciones donde se requiere una descripción precisa del comportamiento mecánico de los elastómeros, como en la industria automotriz, biomédica y aeroespacial (Boyce y Arruda, 2001). Su implementación en análisis numéricos, como el método de elementos finitos, es relativamente directa debido a su formulación basada en invariantes.

8.9. Modelo de Kaliske-Heinrich

El modelo de Kaliske-Heinrich, ampliamente conocido como *Extended Tube Model*, es un modelo hiperelástico que se inspira en la mecánica estadística y en el comportamiento de las cadenas poliméricas de materiales tipo goma (Kaliske y Heinrich, 1997). Este modelo introduce consideraciones físicas a escala molecular, ya que construye una descripción matemática de la energía de deformación al tomar en cuenta las limitaciones de la red de cadenas moleculares circundantes y la extensibilidad limitada de estas en la derivación de la expresión de energía libre de Helmholtz.

El modelo Extended Tube describe la energía de deformación en tres partes: (a) energía debida al entrecruzamiento de cadenas poliméricas ψ_c, (b) *energía de tubo de confinamiento* ψ_e, en el cual se teoriza que dichas cadenas están confinadas (este tubo se entiende como un espacio circundante sobre el cual se mueve una sola cadena, descrito en términos geométricos por las cadenas vecinas), y (c) energía debida a deformaciones volumétricas del material ψ_v:

$$\psi_c = \frac{G_c}{2} \left[\frac{(1 - \delta^2)(\bar{I}_1 - 3)}{1 - \delta^2(\bar{I}_1 - 3)} + \ln\left(1 - \delta^2(\bar{I}_1 - 3)\right) \right], \quad (8.33)$$

$$\psi_e = \frac{2G_e}{\beta^2} \sum_{i=1}^{3} \left(\bar{\lambda}_i^{-\beta} - 1 \right), \quad (8.34)$$

y

$$\psi_v = \kappa(J - 1)^2, \quad (8.35)$$

donde G_c y G_e son módulos de corte relacionados con el entrecruzamiento y el confinamiento de las cadenas, respectivamente; δ y β son parámetros de material; κ es el módulo volumétrico; $\bar{I}_1 = J^{-2/3}\,\mathrm{tr}[\mathbf{C}]$ es el primer invariante ajustado del tensor de Cauchy-Green derecho; y $\bar{\lambda}_i = J^{-1/3}\lambda_i$ son los alargamientos principales ajustados. En consecuencia, la energía de deformación total del modelo de Kaliske-Heinrich está dada por la suma de estas energías:

$$\psi_{\mathrm{ET}} = \psi_c + \psi_e + \psi_v. \quad (8.36)$$

Las Ecuaciones (8.33), (8.34) y (8.35) son potenciales energéticos de deformación. Al derivarlas con respecto a los alargamientos principales o, en su caso, a los invariantes de deformación, se puede obtener el tensor de tensiones de Cauchy $\boldsymbol{\sigma}$. Una forma del tensor de Cauchy, a partir de este modelo, es la siguiente (Kaliske y Heinrich, 1997):

$$\boldsymbol{\sigma} = \frac{G_c}{J} \left(\frac{1 + \left[1 + (\bar{I}_1)^2 - 4\bar{I}_1\right] \delta^2 + \left[5\bar{I}_1 - (\bar{I}_1)^2 - 6\right] \delta^4}{\left[1 - (\bar{I}_1 - 3)\delta^2\right]^2} \right) \operatorname{dev} \bar{\mathbf{b}}$$

$$- \frac{2G_e}{J\beta} \sum_{i=1}^{3} \left(\bar{\lambda}_i^{-\beta} - \frac{1}{3} \sum_{j=1}^{3} \bar{\lambda}_j^{-\beta} \right) \hat{\mathbf{n}}_i \otimes \hat{\mathbf{n}}_i + \kappa \left(J - 1 \right) \mathbf{I}, \tag{8.37}$$

donde $\bar{\mathbf{b}}$ es el tensor de deformación de mano izquierda isocórico, $\operatorname{dev} \bar{\mathbf{b}}$ es su parte desviadora, $\hat{\mathbf{n}}_i$ son los vectores propios asociados a los alargamientos principales, y $\mathbf{I}$ es el tensor identidad.

La Ecuación (8.37) depende tanto de los invariantes ajustados del tensor de Cauchy-Green como de los alargamientos principales ajustados. Esta situación debe tenerse en cuenta, ya que requiere datos transformados de medidas de deformación para su aplicación efectiva.

El modelo hiperelástico de Kaliske-Heinrich es un enfoque que introduce consideraciones físicas a escala molecular en la formulación de la función de energía de deformación, lo cual es fundamental para la simulación numérica a nivel estructural. Diversos autores lo clasifican como un modelo flexible y eficaz al predecir la respuesta en diferentes direcciones de deformación de un material (Kaliske, Rothert y Heinrich, 2001).

8.10. Modelo de Marlow

El modelo de Marlow (Marlow, 2003) es más que un modelo, es un enfoque: la función de deformación del material se obtiene directamente de datos experimentales sin existir de por medio una expresión matemática de la misma. Además, este enfoque se basa en la premisa de que el comportamiento del material bajo cualquier estado de deformación puede ser representado por su comportamiento bajo una deformación uniaxial (la energía de deformación se obtiene a partir del primer invariante de deformación I_1).

El modelo de Marlow utiliza los datos de pruebas uniaxiales para predecir el comportamiento del material bajo otras condiciones de carga. Así, se reduce la necesidad de derivar coeficientes materiales específicos para cada término del potencial de energía de deformación, simplificando significativamente la caracterización del material y facilitando su aplicación práctica. Sin embargo, la eficacia de este modelo depende fuertemente de la calidad y la representatividad de los datos uniaxiales. Si los datos experimentales no son representativos de las condiciones de uso del material, las predicciones del modelo pueden no ser precisas. Además, aunque el modelo es altamente eficaz en la utilización de datos uniaxiales, puede no capturar completamente comportamientos específicos de ciertos materiales cuando se someten a deformaciones multiaxiales.

En resumen, este modelo ofrece un enfoque práctico para el análisis de materiales hiperelásticos, facilitando el proceso de ingeniería al reducir la complejidad asociada con la caracterización material y la predicción del comportamiento bajo diversas condiciones de carga, sin embargo debe de tenerse en cuenta que está limitado para predecir modos de deformación distintos de la tensión uniaxial en materiales elastómeros. Situación que no es necesariamente aceptable para predecir deformación y esfuerzo en muchos componentes mecánicos (por ejemplo, en sellos y mangueras).

8.11. Otros modelos hiperelásticos

Más allá de los modelos hiperelásticos presentados en este capítulo, existen enfoques emergentes, variaciones o modelos específicos desarrollados por investigadores que buscan superar las limitaciones de las formulaciones clásicas o explorar nuevas teorías basadas en avances recientes en la ciencia de materiales y métodos computacionales. Estos modelos, aunque menos conocidos, pueden ofrecer perspectivas valiosas para el diseño y análisis de elastómeros bajo condiciones específicas. A continuación, se presenta una selección de modelos innovadores desarrollados por autores prominentes en el campo de la mecánica de los materiales elastoméricos:

- Modelo de Pucci-Saccomandi. Este modelo es una variación del modelo de Gent al incorporar un término logarítmico basado en el segundo invariante a la función de energía de deformación (Pucci y Saccomandi, 2002). Esto permite capturar de manera más precisa las desviaciones de la teoría cinética de la elasticidad, la cual supone un comportamiento lineal de las cadenas poliméricas a bajas deformaciones (región gaussiana). La función de energía de deformación se expresa como:

$$\psi = -\frac{\mu J_m}{2} \ln\left(1 - \frac{\bar{I}_1 - 3}{J_m}\right) + c \ln\left(\frac{\bar{I}_2}{3}\right) + \frac{\kappa}{2}(J - 1)^2,$$

(8.38)

donde c es una constante material adicional, $\bar{I}_1$ y $\bar{I}_2$ son los invariantes modificados del tensor de deformación, y J_m representa el límite de extensibilidad de las cadenas poliméricas. El nuevo término logarítmico permite describir adecuadamente el comportamiento no lineal del material en todo el rango de deformaciones, desde la región gaussiana hasta el límite de extensibilidad de las cadenas poliméricas.

· Modelo de Lion. Lion desarrolló un modelo constitutivo que aborda tanto los aspectos mecánicos como térmicos de los materiales elastoméricos (Lion, 1997). La parte mecánica del modelo consiste en una expansión especial del modelo generalizado de Rivlin, con una expansión de quinto orden para el primer invariante I_1 para mejorar el ajuste a altas deformaciones, y una expansión de primer orden para el segundo invariante I_2 para capturar el comportamiento a deformaciones moderadas. La función de energía de deformación se expresa como:

$$\psi = \sum_{i=1}^{5} C_i (I_1 - 3)^i + D(I_2 - 3) + \frac{\kappa}{2}(J - 1)^2, \quad \text{(8.39)}$$

donde C_i y D son constantes materiales determinadas experimentalmente. Esta formulación permite una descripción precisa del comportamiento mecánico del material en un amplio rango de deformaciones.

· Modelo de Carroll. Este modelo combina tres términos distintos en su función de energía de deformación para capturar diferentes aspectos del comportamiento de los materiales elastoméricos (Carroll, 2011). El primer término gobierna la respuesta gaussiana del material, el segundo término representa la transición suave desde el rango de deformación gaussiano al no gaussiano y fuerza la respuesta del material a exhibir una curva en forma de «S», mientras que el tercer término tiene en cuenta la desviación de la teoría cinética de la elasticidad en la región gaussiana. La función de energía de deformación se puede expresar como:

$$\psi = \mu \left(\frac{1}{2}(\bar{I}_1 - 3) + \frac{1}{a}\left(e^{a(\bar{I}_1 - 3)} - 1\right) + b\ln(\bar{I}_1 - 3) \right) + \frac{\kappa}{2}(J - 1)^2,$$

$$\text{(8.40)}$$

donde μ, a y b son parámetros materiales.

- Modelo de Biderman. Este modelo es una extensión del modelo generalizado de Rivlin, que considera términos de orden superior para el primer invariante I_1 y un único término lineal para el segundo invariante I_2 (Biderman, 1965). La función de energía de deformación se define como:

$$\psi = \sum_{i=1}^{N} C_i (I_1 - 3)^i + D(I_2 - 3) + \frac{\kappa}{2} (J - 1)^2, \quad (8.41)$$

donde C_i y D son constantes materiales. Esta formulación permite capturar efectos no lineales en la respuesta del material a través de los términos de orden superior en I_1, mientras que el término lineal en I_2 contribuye a la descripción del comportamiento a deformaciones moderadas.

- Modelo de Knowles. El modelo de Knowles propone una función de energía almacenada desacoplada que consta de dos partes: una parte desviadora y una parte volumétrica (Knowles, 1977). La parte desviadora depende de tres parámetros: el módulo de cortante μ, un parámetro de endurecimiento α que determina si el material se endurece o se ablanda, y un parámetro adicional β que mejora el ajuste de curvas. La función de energía se expresa como:

$$\psi = \frac{\mu}{\alpha} \left((\bar{I}_1 - 3)^\alpha - 1 \right) + \frac{\kappa}{2} (J - 1)^2, \quad (8.42)$$

donde κ es el módulo volumétrico. El modelo de Knowles es un caso especial y extendido del modelo Neo-Hookeano.

Estos modelos, si bien no son recientes, son representativos de una tendencia hacia enfoques más especializados y adaptados en la modelización de elastómeros, reflejando el creciente entendimiento de la complejidad de los comportamientos de estos materiales. Además, la elección de un modelo hiperelástico debe considerar la relevancia del enfoque teórico para el tipo de material específico y las condiciones de aplicación, así como la disponibilidad de datos experimentales para validar las predicciones del modelo. Los investigadores deben estar preparados para adaptar o modificar estos modelos para maximizar su aplicabilidad y precisión en estudios específicos.

8.12. Límites de los modelos hiperelásticos

A pesar de la utilidad y la versatilidad de los modelos hiperelásticos en la predicción del comportamiento mecánico de los elastómeros, existen limitaciones inherentes que pueden afectar su aplicabilidad en ciertos contextos. Es esencial que los ingenieros, científicos y diseñadores estén conscientes de estas limitaciones para hacer selecciones de modelos adecuadas y realizar interpretaciones correctas de los resultados de simulación. A continuación, se describen algunos de los límites más significativos de estos modelos (Ogden, 1997; Holzapfel, 2000):

1. Precisión y complejidad. Uno de los mayores desafíos en la modelización hiperelástica es el equilibrio entre la precisión del modelo y su complejidad computacional. Modelos más complejos, como el de Ogden, pueden ofrecer predicciones más precisas para una amplia gama de deformaciones, pero requieren más parámetros y, por tanto, más datos experimentales para su calibración, lo que incrementa la carga computacional para encontrar los valores de estos parámetros.

2. Comportamiento viscoelástico y de fatiga. La mayoría de los modelos hiperelásticos están diseñados principalmente para predecir la respuesta elástica y no incorporan efectos de viscoelasticidad o fatiga, que son críticos para muchas aplicaciones prácticas. Esto significa que pueden no ser adecuados para materiales o aplicaciones donde las cargas dinámicas y los ciclos de carga son prevalentes.

3. Validez de los datos experimentales. La efectividad de cualquier modelo hiperelástico depende en gran medida de la calidad y la representatividad de los datos experimentales utilizados para su calibración. Datos inexactos o insuficientes pueden llevar a modelos que no reflejan adecuadamente el comportamiento real del material bajo diversas condiciones de carga. Por ello, es muy importante contar con datos experimentales precisos y representativos para garantizar que el modelo hiperelástico seleccionado proporcione predicciones confiables.

4. Anisotropías de material. Muchos modelos hiperelásticos asumen que el material es isotrópico y homogéneo, lo cual no siempre es el caso en la práctica, especialmente en materiales compuestos o reforzados por fibras. La falta de capacidad para modelar anisotropías inherentes o inducidas puede limitar seriamente la aplicabilidad de un modelo hiperelástico en situaciones reales. Aunque existen formulaciones específicas, es importante tener en cuenta que ninguno de los modelos presentados en este capítulo está formulado para anisotropía o discontinuidad en el material. El caso de modelos hiperelásticos que contemplan anisotropía es avanzado. Sin embargo, su formulación parte de los conocimientos que aquí se han presentado.

5. Condiciones de frontera y efectos de escala. Los modelos hiperelásticos a menudo se desarrollan bajo supuestos de condiciones de frontera ideales y pueden no tener en cuenta los efectos de escala. Esto puede resultar en predicciones que no se escalan correctamente cuando se aplican a diferentes tamaños o geometrías de prueba, lo cual es un factor crítico en la ingeniería de diseño.

Los puntos anteriores subrayan la importancia de una selección cuidadosa del modelo y una interpretación crítica de los resultados de predicción a partir de una función hiperelástica. Además, sugieren áreas de investigación continua donde el desarrollo de modelos más avanzados podría superar algunas de estas limitaciones, mejorando así la precisión y la utilidad de las simulaciones hiperelásticas en el futuro.

8.13. Resumen

A lo largo de este capítulo, se ha explorado una variedad de modelos hiperelásticos fundamentales para entender y predecir el comportamiento mecánico de los elastómeros bajo diversas condiciones de carga. Se han presentado modelos clásicos como el de Mooney-Rivlin y Neo-Hookean, adecuados para deformaciones pequeñas a moderadas, y modelos más avanzados como los de Yeoh, Ogden y Gent, que capturan con mayor precisión el comportamiento no lineal de los materiales sometidos a grandes deformaciones. También se han abordado modelos basados en la microestructura del material, como el de Arruda-Boyce y Kaliske-Heinrich, que incorporan consideraciones moleculares para describir el comportamiento macroscópico. Además, se ha discutido el enfoque del modelo de Marlow, que utiliza directamente datos experimentales sin una expresión matemática específica, y se han mencionado otros modelos innovadores que amplían las posibilidades de análisis y diseño en ingeniería.

Sin embargo, también se han destacado las limitaciones inherentes a estos modelos hiperelásticos, como la necesidad de equilibrar precisión y complejidad, la falta de consideración de efectos viscoelásticos y de fatiga, y la dependencia de datos experimentales de alta calidad. Se ha enfatizado la importancia de seleccionar cuidadosamente el modelo más adecuado según el material y las condiciones específicas de aplicación, reconociendo que ningún modelo es universalmente aplicable. Este capítulo proporciona así una comprensión integral de los modelos hiperelásticos más conocidos en la literatura, pero también los más empleados en la industria del análisis y el diseño en ingeniería, así como sus aplicaciones y limitaciones, ofreciendo una base sólida para entender su implementación en el modelado de datos experimentales de elastómeros.

Referencias

1. Mooney, M. (1940). A theory of large elastic deformation. Journal·of Applied Physics, 11(9), 582–592.

2. Ogden, R. W. (1997). Non-linear Elastic Deformations. Dover Publications.

3. Rivlin, R. S. (1948). Large elastic deformations of isotropic materials. IV. Further developments of the general theory. Philosophical Transactions of the Royal Society of London. Series A, Mathematical and Physical Sciences, 241(835), 379–397.

4. Treloar, L. R. G. (1975). The Physics of Rubber Elasticity (3rd ed.). Oxford University Press.

5. Boyce, M. C., y Arruda, E. M. (2001). Constitutive models of rubber elasticity: a review. Rubber Chemistry and Technology, 73(3), 504–523.

6. Yeoh, O. H. (1993). Some forms of the strain energy function for rubber. Rubber Chemistry and Technology, 66(5), 754–771.

7. Gent, A. N. (2012). Engineering with Rubber: How to Design Rubber Components (3rd ed.). Carl Hanser Verlag.

8. Diani, J., Fayolle, B., & Gilormini, P. (2009). A review on the Mullins effect. European Polymer Journal, 45(3), 601–612.

9. Holzapfel, G. A. (2000). Nonlinear Solid Mechanics: A Continuum Approach for Engineering. John Wiley & Sons.

10. Horgan, C. O., y Saccomandi, G. (2010). A description of arterial wall mechanics using limiting chain extensibility constitutive models. Biomechanics and Modeling in Mechanobiology, 9(1), 21–32.

11. Ogden, R. W. (1972). Large deformation isotropic elasticity—on the correlation of theory and experiment for incompressible rubberlike solids. Proceedings of the Royal Society of London. Series A, Mathematical and Physical Sciences, 326(1567), 565–584.

12. Arruda, E. M., y Boyce, M. C. (1993). A three-dimensional constitutive model for the large stretch behavior of rubber elastic materials. Journal of the Mechanics and Physics of Solids, 41(2), 389–412.

13. Kaliske, M., y Heinrich, G. (1997). An extended tube model for rubber elasticity: statistical mechanical theory and finite element implementation. Rubber Chemistry and Technology, 70(2), 250–259.

14. Kaliske, M., Rothert, H., y Heinrich, G. (2001). Constitutive approach to rate-independent properties of filled elastomers. International Journal of Solids and Structures, 38(38-39), 7127–7144.

15. Marlow, R. (2003). A general first-invariant hyperelastic constitutive model. En A. Dorfmann & A. Muhr (Eds.), Constitutive Models for Rubber III (pp. 157–160). Taylor & Francis.

16. Pucci, E., y Saccomandi, G. (2002). A note on the Gent model for rubber-like materials. Rubber Chemistry and Technology, 75(5), 839–852.

17. Lion1997 Lion, A. (1997). A physically based method to represent the thermo-mechanical behaviour of elastomers. Acta Mechanica, 123(1-4), 1–25.

18. Carroll, M. M. (2011). A strain energy function for vulcanized rubbers. Journal of Elasticity, 103(2), 173–187.

19. Biderman, V. L. (1965). Some generalizations of the Mooney-Rivlin formula. Polymer Mechanics, 1(3), 17–21.

20. Knowles, J. K. (1977). The finite anti-plane shear field near the tip of a crack for a class of incompressible elastic solids. International Journal of Fracture, 13(5), 611–639.

## Capítulo 9

Implementación de modelos hiperelásticos

Tal como se ha visto, los modelos hiperelásticos se expresan en términos de la energía de deformación del material. Los materiales que exhiben elasticidad no lineal bajo deformaciones finitas, como los elastómeros, pueden describirse eficazmente mediante estos modelos, los cuales han demostrado ser exitosos en la simulación de sus respuestas mecánicas.

En este capítulo se presenta la implementación práctica de cada uno de los modelos descritos teóricamente en el Capítulo 8. Dado que la tensión uniaxial es uno de los modos de prueba más comunes para caracterizar elastómeros, utilizaremos este tipo de deformación para calibrar los modelos. Se proporcionarán las herramientas y fundamentos matemáticos necesarios para llevar a cabo esta calibración mediante código computacional, utilizando datos experimentales bien establecidos.

El capítulo no solo incluye el código para crear las funciones representativas de los modelos hiperelásticos, sino también para optimizar y ajustar sus parámetros a través de algoritmos de optimización. Al finalizar, el lector estará capacitado para implementar estos modelos en un entorno computacional, ajustarlos con precisión a datos experimentales y utilizarlos en simulaciones que reflejen el comportamiento real de los materiales elastoméricos.

9.1. Consideraciones de incompresibilidad

La deformación que sufre un cuerpo a consecuencia de una excitación externa, como lo puede ser una carga, puede describirse mediante dos componentes: (i) volumétrica (también llamada *componente dilatacional* o *esférica*), y (ii) desviadora (también llamada *componente distorsional* o *isocórica*). La componente volumétrica implica que existe un cambio de volumen en un material luego de ser deformado.

Ejemplos sensibles y prácticos de esta fenomenología pueden observarse en la arcilla que, al ser comprimida, esta tiende a cambiar su volumen; también, la gran mayoría de los metales presenta esta situación toda vez que la deformación supera el punto de cedencia de un material.

El caso de los elastómeros es especial, ya que presentan una fenomenología en la que resisten deformación volumétrica en las direcciones principales, lo que significa que el cambio de volumen tras una deformación puede ser despreciable, y esto, además, hace que su módulo de Poisson sea cercano a la mitad de la unidad (esto es $\nu = 1/2$). En esta condición de material, se asume, entonces, que los elastómeros son materiales incompresibles, por lo que sus procesos de deformación son predominantemente isocóricos; esto es, ante una deformación, su volumen permanece constante. Por esta razón, para los elastómeros, los modelos hiperelásticos se simplifican, pues su parte volumétrica se puede nulificar en el análisis y modelado. En este sentido, el análisis de su respuesta mecánica de un elastómero se centra en modelar la parte desviadora o isocórica de su deformación.

Es importante mencionar que, la respuesta al por qué ocurre el fenómeno de incompresibilidad en los elastómeros es en realidad compleja y podría variar según el material en cuestión debido a factores como la composición química, la estructura molecular y las interacciones de sus cadenas poliméricas. Más aún, debido a su gran diversidad en composición química y estructural, actualmente no existen estudios concluyentes que permitan generalizar esta afirmación para todos los elastómeros. Sin embargo, sí se conoce la respuesta de estos materiales a nivel macroscópico, la cual se ha demostrado a través de pruebas y ensayos experimentales que es resistente a la deformación volumétrica (Mott y Corsaro, 2008; Gent, 2012).[1]

Por ejemplo, en ensayos de compresión volumétrica, se ha observado que los elastómeros exhiben una deformación mínima (típicamente inferior al 1%), lo que respalda la hipótesis de incompresibilidad desde una perspectiva empírica. En este sentido, el conocimiento sobre el tema de incompresibilidad en los elastómeros ha sido principalmente empírico, y aún persisten hipótesis no comprobadas al respecto, como la influencia de la densidad de entrecruzamiento en las cadenas poliméricas.

---

1. La incompresibilidad de los elastómeros tiene implicaciones significativas tanto en la teoría como en la práctica. Desde un punto de vista teórico, esta propiedad simplifica el modelado constitutivo de estos materiales, ya que el análisis se enfoca en la respuesta isocórica de un material. De hecho, en la práctica, la incompresibilidad es un aspecto fundamental y técnico que se explota para garantizar la estanqueidad y la capacidad de recuperación de los componentes elastoméricos en diversas aplicaciones de ingeniería (como los sellos).

Por lo tanto, en este y los posteriores capítulos, no se abordarán estudios avanzados que intenten explicar este fenómeno de incompresibilidad a nivel molecular. En su lugar, se adoptará una perspectiva empírica y macroscópica de su deformación, ya que esta aproximación es válida y útil para comprender y predecir el comportamiento mecánico de los elastómeros en aplicaciones prácticas donde la incompresibilidad es un factor relevante, como en el diseño de sellos, juntas y otros componentes sometidos a cargas de compresión (Gent, 2012).

9.2. Modelos hiperelásticos incompresibles

Dado que los elastómeros son materiales incompresibles, la energía de deformación para estos se simplifica porque los efectos de cambio de volumen cuando hay una deformación en un material, se descartan. Esto tiene como consecuencia que $J = 1$ y los invariantes isocóricos del tensor izquierdo de Cauchy-Green se reducen a como sigue:

$$\bar{I}_1 = \lambda_1^2 + \lambda_2^2 + \lambda_3^2, \tag{9.1}$$

$$\bar{I}_2 = \lambda_1^{-2} + \lambda_2^{-2} + \lambda_3^{-2}, \tag{9.2}$$

derivado de esto, la formulación matemática del esfuerzo de Cauchy también se reduce y pasa desde la forma descrita por la Ecuación 7.24 a la siguiente:

$$\boldsymbol{\sigma} = 2 \left(\frac{\partial \psi}{\partial \bar{I}_1} + \bar{I}_1 \frac{\partial \psi}{\partial \bar{I}_2} \right) \bar{\mathbf{b}} - 2 \frac{\partial \psi}{\partial \bar{I}_2} \left(\bar{\mathbf{b}} \right)^2 + p\mathbf{I} \tag{9.3}$$

donde p es una presión que se determina para un problema o caso de deformación específicos.

Como se planteó en el Capítulo 7, para ensayos de caracterización de materiales elastómeros, se tienen diferentes modos de deformación dependiendo del tipo de prueba que se hace a un material. Cuando se tiene el caso de incompresiblidad, el tensor de deformación izquierdo de Cauchy-Green en su forma isocórica se define como $\bar{\mathbf{b}} = \bar{\mathbf{F}}\bar{\mathbf{F}}^\top = \mathbf{F}\mathbf{F}^\top$,[2]. Así, para las pruebas de deformación uniaxial, de-

---

2. Este es el caso de incompresibilidad, ya que $\bar{\mathbf{F}} = J^{-1/3}\mathbf{F}$; y dado que bajo la consideración de incompresibilidad $J = 1$, se tiene entonces que $\bar{\mathbf{F}} = \mathbf{F}$.

formación biaxial y deformación planar, los estiramientos principales y los invariantes del tensor izquierdo de Cauchy-Green toman las siguientes formas específicas:

1. Deformación uniaxial,

$$\lambda_1 = \lambda_u; \quad \lambda_2 = \lambda_3 = \lambda_u^{-1/2}; \quad \lambda_u = 1 + \varepsilon_u \tag{9.4}$$

$$\bar{I}_1 = \lambda_u^2 + 2\lambda_u^{-1}; \quad \bar{I}_2 = \lambda_u^{-2} + 2\lambda_u. \tag{9.5}$$

2. Deformación biaxial,

$$\lambda_1 = \lambda_2 = \lambda_b; \quad \lambda_3 = \lambda_b^{-2}; \quad \lambda_b = 1 + \varepsilon_b, \tag{9.6}$$

$$\bar{I}_1 = 2\lambda_b^2 + \lambda_b^{-4}; \quad \bar{I}_2 = 2\lambda_b^{-2} + \lambda_b^4. \tag{9.7}$$

3. Deformación planar,

$$\lambda_1 = \lambda_p; \quad \lambda_2 = 1; \quad \lambda_3 = \lambda_p^{-1}; \quad \lambda_p = 1 + \varepsilon_p, \tag{9.8}$$

$$\bar{I}_1 = \bar{I}_2 = \lambda_p^2 + \lambda_p^{-2} + 1. \tag{9.9}$$

Las formas específicas a cada ensayo a un elastómero tienen como consecuencia que el esfuerzo que se deriva de cada modelo sea diferente para cada modo de deformación.

Por otra parte, y dependiendo del tipo de ensayo realizado en un material, se observará una forma específica de las deformaciones principales y del tensor izquierdo de Cauchy-Green como se lista previamente. Sin embargo, en la mayoría de los casos, los datos obtenidos al examinar la deformación en un material corresponden a pares de fuerza y desplazamiento. Esto se debe a que casi todas las máquinas de prueba están equipadas con una celda de carga y registran el desplazamiento que experimenta un cabezal al moverse para deformar una muestra de material. En estas circunstancias, típicamente se convierte esta fuerza en esfuerzo nominal o ingenieril T al dividirla por el área de la sección transversal original de la muestra. De manera similar, la deformación unitaria se puede representar como $\varepsilon = \Delta u / L_0$, lo cual refleja el cambio en las dimensiones de la muestra en relación a su longitud original.[3]

---

3. Para mayor detalle, consultar la Sección 3.3 del Capítulo 3.

Además, la transformación de esta deformación unitaria a algún estiramiento principal puede hacerse considerando las expresiones listadas anteriormente. En resumen, una prueba de ensayo experimental típica, puede arrojar pares de datos a través del esfuerzo nominal y la deformación unitaria, es decir, $\{T, \varepsilon\}$; o bien, se pueden obtener pares en la forma $\{T, \lambda\}$. Aunque se preferirá esta última para hacer modelado hiperelástico, los lectores no deben de perder en cuenta que se pueden llevar a cabo todas las transformaciones necesarias al considerar las expresiones de esfuerzo y deformación de capítulos previos.

Los esfuerzos nominales para un material incompresible, se derivan a partir del *Principio del Trabajo Virtual* $(\delta\psi = T\delta\lambda)$, y luego al derivar la función de energía de deformación de un modelo hiperelástico con respecto al estiramiento principal que domina en un ensayo. Así, los esfuerzos nominales para cada modo de deformación se reducen a lo siguiente:

1. Esfuerzo nominal uniaxial:

$$T_u = \frac{\partial \psi}{\partial \lambda_u} = \frac{\partial \psi}{\partial \bar{I}_1}\frac{\partial \bar{I}_1}{\partial \lambda_u} + \frac{\partial \psi}{\partial \bar{I}_2}\frac{\partial \bar{I}_2}{\partial \lambda_u}. \tag{9.10}$$

2. Esfuerzo nominal biaxial:

$$T_b = \frac{1}{2}\frac{\partial \psi}{\partial \lambda_b} = 2\left(\lambda_b - \lambda_b^{-5}\right)\left(\frac{\partial \psi}{\partial \bar{I}_1} + \lambda_b^2\frac{\partial \psi}{\partial \bar{I}_2}\right). \tag{9.11}$$

3. Esfuerzo nominal planar:

$$T_p = \frac{\partial \psi}{\partial \lambda_p} = 2\left(\lambda_p - \lambda_p^{-3}\right)\left(\frac{\partial \psi}{\partial \bar{I}_1} + \frac{\partial \psi}{\partial \bar{I}_2}\right). \tag{9.12}$$

En la siguiente sección se presentan las formas de cada uno de los esfuerzos nominales pertenecientes a los modos de deformación más comunes en ensayos de caracterización experimental de elastómeros.

9.2.1. Modelo de Mooney-Rivlin

La energía de deformación del modelo de Mooney-Rivlin, condicionado a incompresibilidad, es la siguiente:

$$\psi_{\mathrm{MR}}(\bar{I}_1, \bar{I}_2) = C_{10}(\bar{I}_1 - 3) + C_{01}(\bar{I}_2 - 3). \tag{9.13}$$

Teniendo en cuenta la Ecuación 9.13 y las ecuaciones 9.10 a 9.12, el esfuerzo nominal para cada uno de los modos de deformación a partir del modelo de Mooney-Rivlin se expresa como sigue:

· Deformación uniaxial:

$$T_u = 2C_{10}\left(\lambda_u - \lambda_u^{-2}\right) + 2C_{01}\left(1 - \lambda_u^{-3}\right) \qquad (9.14)$$

· Deformación biaxial:

$$T_b = 2\left(\lambda_b - \lambda_b^{-5}\right)\left(C_{10} + \lambda_b^2 C_{01}\right) \qquad (9.15)$$

· Deformación planar:

$$T_p = 2\left(\lambda_p - \lambda_p^{-3}\right)\left(C_{10} + C_{01}\right). \qquad (9.16)$$

9.2.2. Modelo Neo-Hookean

La energía de deformación bajo condición de incompresibilidad del modelo Neo-Hookean, el cual depende solo de $\bar{I}_1$, adopta la siguiente forma:

$$\psi_{\mathrm{NH}}(\bar{I}_1) = \frac{\mu}{2}\left(\bar{I}_1 - 3\right). \qquad (9.17)$$

A partir del modelo incompresible Neo-Hookean se obtienen las siguientes expresiones del esfuerzo nominal:

· Deformación uniaxial:

$$T_u = \mu\left(\lambda_u - \lambda_u^{-2}\right). \qquad (9.18)$$

· Deformación biaxial:

$$T_b = \mu\left(\lambda_b - \lambda_b^{-5}\right). \qquad (9.19)$$

· Deformación planar:

$$T_p = \mu\left(\lambda_p - \lambda_p^{-3}\right). \qquad (9.20)$$

Estas ecuaciones permiten obtener la respuesta mecánica de un material a partir del modelo Neo-Hookean, sus parámetros y los alargamientos principales.

9.2.3. Modelo de Yeoh

La energía de deformación para el modelo de Yeoh en su versión para materiales incompresibles es la siguiente:

$$\psi_{\text{Yeoh}}\left(\bar{I}_1\right) = \sum_{n=1}^{3} C_{n0} \left(\bar{I}_1 - 3\right)^n . \tag{9.21}$$

Los siguientes esfuerzos nominales se obtienen de la forma de energía de deformación incompresible de Yeoh:

· Deformación uniaxial:

$$T_u = 2\left(\lambda_u - \lambda_u^{-2}\right) \sum_{n=1}^{3} nC_{n0} \left(\bar{I}_1 - 3\right)^{n-1} . \tag{9.22}$$

• Deformación biaxial:

$$T_b = 2\left(\lambda_b - \lambda_b^{-5}\right) \sum_{n=1}^{3} nC_{n0} \left(\bar{I}_1 - 3\right)^{n-1} . \tag{9.23}$$

• Deformación planar:

$$T_p = 2\left(\lambda_p - \lambda_p^{-3}\right) \sum_{n=1}^{3} nC_{n0} \left(\bar{I}_1 - 3\right)^{n-1} . \tag{9.24}$$

9.2.4. Modelo de Ogden

El modelo de Ogden, bajo consideración de incompresibilidad, se escribe como sigue:

$$\psi_{\text{Ogden}} = \sum_{i=1}^{n} \frac{2\mu_i}{\alpha_i^2} \left(\lambda_1^{\alpha_i} + \lambda_2^{\alpha_i} + \lambda_3^{\alpha_i} - 3\right) . \tag{9.25}$$

Los siguientes esfuerzos se obtienen de la forma de energía de deformación incompresible de Ogden:

- Deformación uniaxial:

$$T_u = \sum_{i=1}^{n} \frac{2\mu_i}{\alpha_i} \left(\lambda_u^{\alpha_i - 1} - \lambda_u^{-\frac{\alpha_i}{2} - 1} \right)$$ (9.26)

- Deformación biaxial:

$$T_b = \sum_{i=1}^{n} \frac{2\mu_i}{\alpha_i} \left(\lambda_b^{\alpha_i - 1} - \lambda_b^{-2\alpha_i - 1} \right)$$ (9.27)

- Deformación planar:

$$T_p = \sum_{i=1}^{n} \frac{2\mu_i}{\alpha_i} \left(\lambda_p^{\alpha_i - 1} - \lambda_p^{-\alpha_i - 1} \right)$$ (9.28)

9.2.5. Modelo de Gent

Para el caso del modelo de Gent, la energía de deformación que describe un material incompresible es la siguiente:

$$\psi_{\text{Gent}} (\lambda) = -\frac{\mu L_m}{2} \ln \left(1 - \frac{\bar{I}_1 - 3}{L_m} \right).$$ (9.29)

Los siguientes esfuerzos nominales se obtienen de la forma de energía de deformación incompresible de Gent:

- Deformación uniaxial:

$$T_u = \frac{\mu L_m \left(\lambda_u - \lambda_u^{-2} \right)}{L_m - \bar{I}_1 + 3}$$ (9.30)

- Deformación biaxial:

$$T_b = \frac{\mu L_m \left(\lambda_b - \lambda_b^{-5} \right)}{L_m - \bar{I}_1 + 3}$$ (9.31)

· Deformación planar:

$$T_p = \frac{\mu L_m \left(\lambda_p - \lambda_p^{-3}\right)}{L_m - \bar{I}_1 + 3} \tag{9.32}$$

9.2.6. Modelo de Arruda-Boyce

El modelo desarrollado por Arruda y Boyce es, quizás, una de las funciones de energía de deformación con diferentes formas matemáticas más allá de la que originalmente se propuso en su publicación original. Primero, el caso de su función de energía de deformación para un material incompresible es la siguiente:

$$\psi_{\mathrm{AB}} = \mu \sum_{i=1}^{5} \frac{c_i}{(L_m)^{2i-2}} \left(\bar{I}_1^i - 3^i\right), \tag{9.33}$$

Los esfuerzos nominales de ensayos a partir de este modelo son los siguientes:

· Deformación uniaxial:

$$T_u = 2\mu \left(\lambda_u - \lambda_u^{-2}\right) \sum_{i=1}^{5} \frac{iC_i}{L_m^{2i-2}} \bar{I}_1^{i-1}. \tag{9.34}$$

· Deformación biaxial:

$$T_b = 2\mu \left(\lambda_b - \lambda_b^{-5}\right) \sum_{i=1}^{5} \frac{ic_i}{L_m^{2i-2}} \bar{I}_1^{i-1}. \tag{9.35}$$

· Deformación planar:

$$T_p = 2\mu \left(\lambda_p - \lambda_p^{-3}\right) \sum_{i=1}^{5} \frac{ic_i}{L_m^{2i-2}} \bar{I}_1^{i-1} \tag{9.36}$$

En la lista anterior, las constantes $\{c_i\}_{i=1,2,3,4,5}$, de acuerdo con Arruda y Boyce (1993) toman los siguientes valores:[4]

$$c_1 = \frac{1}{2}, \quad c_2 = \frac{1}{20}, \quad c_3 = \frac{11}{1050}, \quad c_4 = \frac{19}{7000}, \quad c_5 = \frac{519}{673750}$$

9.2.7. Modelo de Kaliske-Heinrich

La versión incompresible del modelo de energía de deformación de Kaliske-Heinrich es la siguiente:

$$\psi_{ET} = \psi_c + \psi_e, \tag{9.37}$$

donde:

$$\psi^c = \frac{G_c}{2} \left[\frac{(1-\delta^2)(\bar{I}_1 - 3)}{1 - \delta^2 \left(\bar{I}_1 - 3 \right)} + \ln \left(1 - \delta^2 \left(\bar{I}_1 - 3 \right) \right) \right], \tag{9.38}$$

y,

$$\psi^e = \frac{2G_e}{\beta^2} \left(\lambda_1^{-\beta} + \lambda_2^{-\beta} + \lambda_3^{-\beta} - 3 \right). \tag{9.39}$$

Para el modelo de Kaliske-Heinrich, es necesario encontrar las derivadas parciales ψ^c y ψ^e con respecto a el primer invariante y los estiramientos principales, respectivamente; y luego sumar ambas derivadas. Así realizando el álgebra y la sustitución correspondiente en las ecuaciones anteriores, los esfuerzos nominales que se obtienen del modelo de Kaliske-Heinrich son los siguientes:

· Deformación uniaxial. Primero se obtienen las siguientes derivadas parciales,

$$\frac{\partial \psi^c}{\partial \bar{I}_1} = \frac{G_c}{2} \left(\frac{1 - 2\delta^2 + \delta^4 (\bar{I}_1 - 3)}{(1 - \delta^2 (\bar{I}_1 - 3))^2} \right), \tag{9.40}$$

---

4. Véase la sección del modelo de Arruda y Boyce correspondiente del capítulo anterior.

$$\frac{\partial \bar{I}_1}{\partial \lambda_u} = 2\left(\lambda_u - \lambda_u^{-2}\right),$$

(9.41)

$$\frac{\partial \psi^e}{\partial \lambda_u} = -\frac{2G_e}{\beta}\left(\lambda_u^{-\beta-1} + \lambda_u^{\frac{-\beta}{2}-1}\right),$$

(9.42)

- y luego, el esfuerzo nominal a partir de las energías de deformación propuestas por Kaliske y Heinrich es la suma de estas contribuciones:

$$T_u = \frac{\partial \psi^c}{\partial \bar{I}_1}\frac{\partial \bar{I}_1}{\partial \lambda_u} + \frac{\partial \psi^e}{\partial \lambda_u},$$

(9.43)

$$T_u = G_c\left(\frac{1 - 2\delta^2 + \delta^4(\bar{I}_1 - 3)}{(1 - \delta^2(\bar{I}_1 - 3))^2}\right)\left(\lambda_u - \lambda_u^{-2}\right)$$

$$- \frac{2G_e}{\beta}\left(\lambda_u^{-\beta-1} + \lambda_u^{-\beta/2-1}\right).$$

(9.44)

- Deformación biaxial. Para esta situación de deformación, $\frac{\partial \psi^c}{\partial \bar{I}_1}$ es igual que en deformación uniaxial. No así las siguientes derivadas parciales, que toman en cuenta deformación biaxial:

$$\frac{\partial \bar{I}_1}{\partial \lambda_b} = 4\left(\lambda_b - \lambda_b^{-5}\right),$$

(9.45)

$$\frac{\partial \psi^e}{\partial \lambda_b} = \frac{4G_e}{\beta}\left(\lambda_b^{2\beta-1} + \lambda_b^{-\beta-1}\right),$$

(9.46)

y el esfuerzo nominal está dado por:

$$T_b = \frac{\partial \psi^c}{\partial \bar{I}_1}\frac{\partial \bar{I}_1}{\partial \lambda_b} + \frac{\partial \psi^e}{\partial \lambda_b},$$

(9.47)

entonces el esfuerzo nominal por deformación biaxial es:

$$T_b = 2G_c \left(\frac{1 - 2\delta^2 + \delta^4(\bar{I}_1 - 3)}{(1 - \delta^2(\bar{I}_1 - 3))^2} \right) \left(\lambda_b - \lambda_b^{-5} \right)$$
$$+ \frac{4G_e}{\beta} \left(\lambda_b^{2\beta-1} + \lambda_b^{-\beta-1} \right). \tag{9.48}$$

- Deformación planar. Para esta situación de deformación, $\frac{\partial \psi^c}{\partial \bar{I}_1}$ también es igual que en deformación uniaxial. Las siguientes derivadas parciales cambian:

$$\frac{\partial \bar{I}_1}{\partial \lambda_p} = 2 \left(\lambda_p - \lambda_p^{-3} \right), \tag{9.49}$$

$$\frac{\partial \psi^e}{\partial \lambda_p} = \frac{2G_e}{\beta} \left(\lambda_p^{\beta-1} + \lambda_p^{-\beta-1} \right), \tag{9.50}$$

y el esfuerzo nominal está dado por:

$$T_p = \frac{\partial \psi^c}{\partial \bar{I}_1} \frac{\partial \bar{I}_1}{\partial \lambda_p} + \frac{\partial \psi^e}{\partial \lambda_p}, \tag{9.51}$$

$$T_p = G_c \left(\frac{1 - 2\delta^2 + \delta^4(\bar{I}_1 - 3)}{(1 - \delta^2(\bar{I}_1 - 3))^2} \right) \left(\lambda_p - \lambda_p^{-3} \right)$$
$$+ \frac{2G_e}{\beta} \left(\lambda_p^{\beta-1} + \lambda_p^{-\beta-1} \right). \tag{9.52}$$

9.3. Calibración de modelos

La Figura 9.1 muestra tres diagramas de un ensayo a tensión a un material de tipo elastómero. Por ejemplo, diagramas similares se obtienen a través de los datos que registra una celda de carga durante la deformación del material en un ensayo a tensión. Los datos resultantes pueden ser descritos por un conjunto de datos $\mathcal{C}$ de la siguiente manera:

$$\mathcal{C} = \left\{ (\lambda_i, T_i) \right\}_{i=1}^{n}, \tag{9.53}$$

donde n es el total de datos obtenidos experimentalmente durante un ensayo, λ_i es el estiramiento principal en la dirección en la que se ejecuta el ensayo y T_i es el esfuerzo nominal resultante. Cabe destacar que, en la mayoría de las situaciones, las máquinas de ensayos generan datos de fuerza y desplazamiento, y es tarea de los investigadores o de los ingenieros el realizar la transformación correspondiente de los datos para obtener los pares (λ_i, T_i) que se muestran en la Ecuación 9.53.

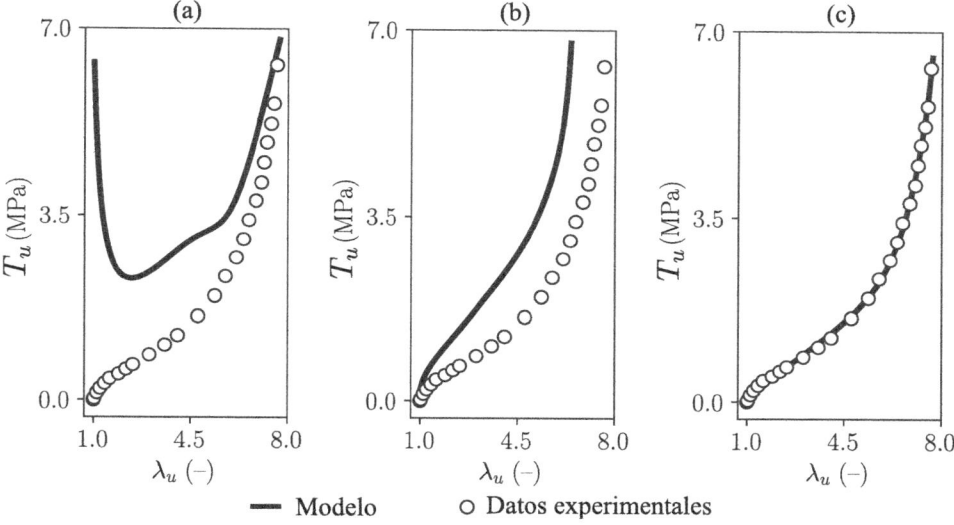

Figura 9.1 *Ejemplo de datos experimentales y el proceso de calibración de un modelo hiperelástico. Para resultados: (a) a diez iteraciones, (b) a cien iteraciones, y (c) a mil iteraciones.*

Como se ha visto, de un ensayo se obtiene un conjunto datos experimental. Al proceso de obtener los parámetros para poder reproducir dicho conjunto a través de un modelo hiperelástico se le conoce como *calibración de un modelo*. Esta acción consiste en ejecutar un algoritmo que, de forma iterativa, ajusta o *calibra* los parámetros de un modelo para que el error de éste con respecto de los datos experimentales sea mínimo. De hecho, este proceso de calibración es en realidad una optimización de naturaleza informática, en la cual se minimiza el error de un modelo ajustando sus parámetros. Además, el éxito de dicho proceso depende de varios factores, y entre los más importantes podrían listarse los siguientes:

1. El modelo hiperelástico que se selecciona. El éxito de poder reproducir un conjunto de datos a través de un modelo, depende en gran medida la selección de alguno que, o bien haya sido formulado para un material específico, o posea una descripción matemática lo suficientemente robusta y al mismo tiempo flexible para ajustarse a no linealidades.

2. El algoritmo de ajuste. Este factor es esencial en la calibración de modelos. Existen múltiples tipos, como los métodos basados en gradientes, que son efectivos para problemas continuos pero pueden enfrentar dificultades con mínimos locales. Alternativamente, los algoritmos genéticos y otros métodos de búsqueda global pueden abordar con éxito entornos complejos y no convexos. La selección del algoritmo correcto debe basarse no solo en su capacidad para minimizar el error, sino también en su compatibilidad con la estructura del modelo y las características de los datos experimentales.

3. La métrica del error del modelo con respecto a los datos experimentales. Conocida como función objetivo, es un elemento crítico en el proceso de calibración. Esta métrica cuantifica la discrepancia entre las predicciones del modelo y las observaciones reales, sirviendo como el criterio principal para la optimización. Existen diversas funciones objetivo, desde simples diferencias cuadráticas hasta complejas formulaciones estadísticas que ponderan diferentes aspectos del error. La elección adecuada de la función objetivo puede influir significativamente en la eficacia del algoritmo de ajuste, asegurando que el modelo calibrado no solo sea preciso, sino también robusto frente a variaciones en los datos experimentales.

4. El número de iteraciones. Se refiere a la cantidad de veces que el algoritmo recorrerá su ciclo de ajuste en el proceso de optimización. Un número insuficiente puede llevar a un modelo subajustado, mientras que un exceso puede causar sobreajuste o aumentar innecesariamente el tiempo de computación.

5. El criterio de error. Define cuándo el algoritmo debe detenerse, usualmente establecido como un umbral de mejora mínima en la función objetivo entre iteraciones. Este criterio es crucial para asegurar que el proceso de calibración sea eficiente y efectivo.

Una forma cualitativa de representar el proceso de calibración de un modelo hiperelástico también se presenta en la Figura 9.1. En ello se muestran tres gráficas, en las cuales se comparan datos experimentales (marcadores blancos), y los resultados de un modelo hiperelástico (línea negra sólida). Entre estas gráficas, lo único que varía es el número de iteraciones durante el ajuste del modelo cuestión. Así, tal como se observa, cuando el algoritmo alcanza mil iteraciones, es posible percatarse de que el modelo reproduce con cierta fidelidad los datos experimentales; no es el caso en diez y cien iteraciones, en las que el modelo tiene una separación significativa entre los datos.

La realidad es que la medición de qué tanto se separan los resultados de un modelo de los datos experimentales, está basada en la función objetivo, la cual es una métrica de medición del error. Por ejemplo, una de las funciones más conocidas es la de mínimos cuadrados ordinarios:

$$\mathcal{L}(\boldsymbol{\theta}) = \sum_{i=1}^{n}(T_i - \hat{T}_i)^2 = \sum_{i=1}^{n}(T_i - f(\lambda_i, \boldsymbol{\theta}))^2 \tag{9.54}$$

donde T_i son los valores del esfuerzo obtenidos de ensayos experimentales, $\hat{T}_i$ o $f(\lambda_i, \boldsymbol{\theta})$ son los valores predichos por el modelo, y $\boldsymbol{\theta}$ son los parámetros del modelo. Por ejemplo, para el caso del modelo de Yeoh incompresible, el vector de parámetros es el siguiente:

$$\boldsymbol{\theta} = \begin{bmatrix} C_{10} \\ C_{20} \\ C_{30} \end{bmatrix}, \tag{9.55}$$

y cada uno de sus elementos, se ajustaría para reducir el valor de $\mathcal{L}$.

Toda vez que se tiene un modelo ajustado, es necesario evaluar su desempeño final. Esto se logra al usar una función de error, que permite comparar y obtener un valor global o local del error. Estas funciones de error se dividen, precisamente en dos tipos, locales y globales:

1. Funciones de medición del error globales:

   • Error Cuadrático Medio, ECM:

$$ECM = \frac{1}{n}\sum_{i=1}^{n}(T_i - f(\lambda_i, \boldsymbol{\theta}))^2 \tag{9.56}$$

   • Diferencia Media Absoluta Normalizada, DMAN:

$$DMAN = \left(\frac{\sum_{i=1}^{n} | T_i - f(\lambda_i, \boldsymbol{\theta}) |}{\sum_{i=1}^{n} | T_i |} \right) * 100 \tag{9.57}$$

· Coeficiente de determinación, R²:

$$R^2 = 1 - \frac{\sum_{i=1}^{n}(f(\lambda_i, \boldsymbol{\theta}) - T_i)^2}{\sum_{i=1}^{n}(T_i - \bar{T})^2}$$

(9.58)

2.- Funciones de medición del error locales:

· Error absoluto, EA:

$$EA = |T_i - f(\lambda_i, \boldsymbol{\theta})|$$

(9.59)

· Error relativo, ER:

$$ER = \left| \frac{T_i - f(\lambda_i, \boldsymbol{\theta})}{T_i} \right|$$

(9.60)

· Error porcentual, EP:

$$EP = \left| \frac{T_i - f(\lambda_i, \boldsymbol{\theta})}{T_i} \right| \times 100$$

(9.61)

Todo el proceso de calibración y evaluación de un modelo es susceptible, y deseable, que se automatice. Así, una vez que se tiene un modelo hiperelástico calibrado, el investigador o el ingeniero, puede compararlo con otros modelos para evaluar la selección de aquél que mejor le conviene para un material en particular.

Aunque es deseable siempre tener un error global lo más bajo posible, al igual que un error local, la realidad es que, dependiendo del rango de deformación de un material, habrá situaciones en que ningún modelo dé resultados óptimos, y habrá que sopesar, de acuerdo a la aplicación, cuándo será plausible decantarse por un modelo respecto de otros.

El Algoritmo 1 presenta los pasos para automatizar el proceso de calibración de un modelo hiperelástico $f(\boldsymbol{\lambda}, \boldsymbol{\theta})$. Para que éste pueda iniciar, requiere de un conjunto de datos experimentales, y su resultado son los parámetros $\boldsymbol{\theta}$ del modelo, así como las métricas de evaluación de acuerdo con la selección de una función de error. Aquí es importante destacar que el ciclo mientras tiene la condición de que al no alcanzar un valor de convergencia, no se puede llevar a cabo una evaluación final para luego terminar con el proceso de calibración.

Datos: Datos experimentales $\mathcal{C} = \{(\lambda_i, T_i)\}_{i=1}^{n}$
Resultado: Parámetros optimizados, métricas de evaluación

Definir el modelo $f(\lambda_i, \boldsymbol{\theta})$
Inicializar parámetros y definir función objetivo
mientras *no se alcanza la convergencia* **hacer**
   | Optimizar parámetros y calcular error de ajuste
fin

devolver *Parámetros θ*

Con base en el Algoritmo 1, la siguiente sección presenta un código en Python para calibrar uno de los modelos vistos en las secciones precedentes.

9.4. Implementación del proceso de calibración de un modelo hiperelástico

En esta sección se presenta la implementación del proceso de calibración de un modelo hiperelástico en el lenguaje de programación Python. Para el caso, se usarán los datos de Treloar, que son una referencia tradicional en el estudio de modelos hiperelásticos, y que fueron específicamente obtenidos para caucho natural; Treloar realizó una serie de experimentos detallados con este material para entender y caracterizar su comportamiento mecánico bajo diferentes condiciones de estiramiento y carga. Estos datos se presentan en la Figura 9.2.

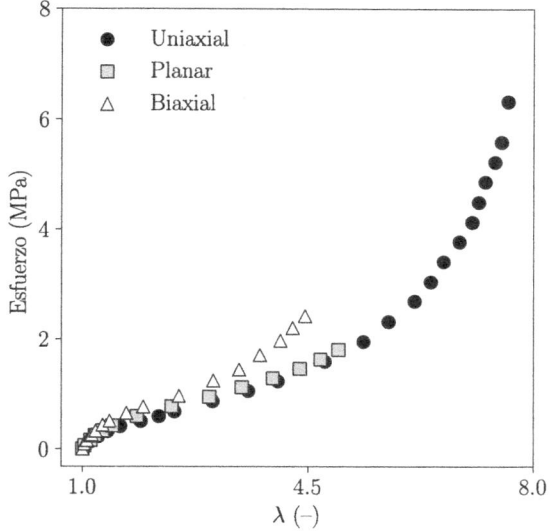

Figura 9.2 *Datos de esfuerzo y elongación para un caucho vulcanizado a diferentes modos de deformación. Fuente: originalmente proporcionados por cortesía de Raymond Ogden y disponibles en el sitio web de Patrizio Neff (Neff, s.f.).*

De acuerdo con el Algoritmo 1, lo primero que se debe de hacer es seleccionar un modelo hiperelástico. Para el caso, se usará el modelo de Ogden en el modo de deformación uniaxial.

El esfuerzo uniaxial derivado de la función de energía de deformación de Ogden se programa de la siguiente forma:

```
# Esfuerzo uniaxial
def T _ u(lam, mu, alpha):
    T = np.zeros(len(lam))
    for i in range(len(lam)):
        for j in range(len(mu)):
            T[i] += ((2 * mu[j]) / (alpha[j])) \
                    * (lam[i] ** (alpha[j] - 1)
                    - lam[i] ** (-alpha[j] / 2 - 1))
    return T
```

En este código, *lam* se refiere al estiramiento λ para el modo uniaxial y es un arreglo con todos los datos que se ingresan de un ensayo experimental; *mu* y *alpha* son arreglos que contienen los valores de los parámetros del modelo de Ogden. Es importante destacar que el esfuerzo uniaxial se define como una función en Python, ya que esta, será iterada para obtener los valores del esfuerzo estimado y así, en cada misma iteración, se modificarán sus parámetros.

De igual manera los siguientes códigos muestran las líneas para programar los esfuerzos biaxiales y planares derivados del modelo de Ogden. El esfuerzo biaxial se programa como sigue:

```
# Esfuerzo biaxial

def sigma _ b(lam, mu, alpha):
    sigma = np.zeros(len(lam))
    for i in range(len(lam)):
        for j in range(len(mu)):
            sigma[i] = ((2 * mu[j]) / (alpha[j])) * \
                       (lam[i] ** (alpha[j]
                       - (1 / (lam[i] ** 2))
                                    ** (alpha[j])))
    return sigma
```

El esfuerzo planar se programa de la siguiente manera:

```
# Esfuerzo planar
def sigma _ p(lam, mu, alpha):
    sigma = np.zeros(len(lam))
    for i in range(len(lam)):
        for j in range(len(mu)):
            sigma[i] = ((2 * mu[j]) / (alpha[j])) \
                       * (lam[i] ** (alpha[j]
                       - (1 / (lam[i]))
                                    ** (alpha[j])))
```

```
        return sigma
```

Para calibrar los parámetros de cualquiera del esfuerzo nominal de Ogden, se recurre al algoritmo de optimización del paquete de Python SciPy,[5] *least_squares*, y la siguiente función objetivo:

```
def objetivo(parametros, lam, T _ exp):
    mu = parametros[:len(mu _ inicial)]
    alpha = parametros[len(mu _ inicial):]
    T _ modelo = T _ u(lam, mu, alpha)
    residual = (T _ exp - T _ modelo) ** 2
    return residual
```

La función *objetivo* toma como argumentos lam para los datos experimentales del estiramiento, *T_exp* que se refiere a los datos del esfuerzo experimental, parametros, que es un vector que une *mu_inicial* y *alpha_inicial*, los cuales son valores iniciales de los parámetros de un modelo de Ogden. Luego, el proceso de calibración de un modelo se hace al llamar a la función de *least_squares* como sigue:

```
resultado = least _ squares(objetivo,
                            parametros,
                            ftol=1e-12,
                            args=(lam, T _ exp),
                            verbose=1)
```

En este último fragmento de código, se observa que la función *least_squares* toma como argumentos varios elementos: (i) la función objetivo, (ii) el vector de parámetros iniciales de un modelo, (iii) el criterio de convergencia para detener las iteraciones, (iv) los valores sobre los que se optimiza una función, en este caso, los valores experimentales. Estos elementos son esenciales para el funcionamiento de la optimización del modelo que se persigue obtener sus parámetros. El argumento *verbose=1* es un parámetro que muestra información mientras que se optimiza una función. En esencia, estos son las partes de un código para obtener los valores de los parámetros de un modelo. El código completo se muestra en la siguiente página para el caso de deformación uniaxial. Los resultados de este son los valores óptimos de α y μ, así como el error absoluto máximo de desempeño del modelo.

```
from scipy.optimize import least _ squares
import matplotlib.pyplot as plt
import numpy as np
# Datos de Treloar
from treloars _ data import uniaxial, biaxial, planar

# Esfuerzo uniaxial
```

---

5. Véase https://scipy.org/

```
def T _ u(lam, mu, alpha):
    T = np.zeros(len(lam))
    for i in range(len(lam)):
        for j in range(len(mu)):
            T[i] += ((2 * mu[j]) / (alpha[j])) \
                    * (lam[i] ** (alpha[j] - 1)
                    - lam[i] ** (-alpha[j] / 2 - 1))
    return T

def objetivo(parametros, lam, T _ exp):
    mu = parametros[:len(mu _ inicial)]
    alpha = parametros[len(mu _ inicial):]
    T _ modelo = T _ u(lam, mu, alpha)
    residual = (T _ exp - T _ modelo) ** 2
    return residual

lam = uniaxial[:, 0]
T _ exp = uniaxial[:, 1]

mu _ inicial = [1, 1, 1]
alpha _ inicial = [1, 1, 1]
parametros = np.array(mu _ inicial + alpha _ inicial)

resultado = least _ squares(objetivo,
                            parametros,
                            ftol=1e-12,
                            args=(lam, T _ exp),
                            verbose=1)

mu _ opt = resultado.x[:len(mu _ inicial)]
alpha _ opt = resultado.x[len(mu _ inicial):]

T _ estimado = T _ u(lam, mu _ opt, alpha _ opt)
print(mu _ opt), print(alpha _ opt)

EA = np.abs(T _ exp - T _ estimado)
print(np.max(EA))
```

El anterior código, implementa la calibración del modelo de Ogden para $n = 3$, por lo que se obtienen tres valores para α y μ, los cuales se muestran en la siguiente tabla:

Parámetro	Valores
α	$\alpha_1 = 4.1589$ $\alpha_2 = 3.6223$ $\alpha_3 = 5.6371$
μ	$\mu_1 = -0.2228$ $\mu_2 = 0.4117$ $\mu_3 = 0.0057$

Los resultados de este modelo se presentan en la Figura 9.3 (a). Como se observa, el modelo de Ogden con tres valores para cada parámetro se aproxima con buen acercamiento a los datos experimentales. ¿Qué tanto se acerca? Esto puede mediarse bien calculando una métrica de evaluación global o una métrica local. Para este caso, se usa el coeficiente de determinación R^2 y el error local ER.

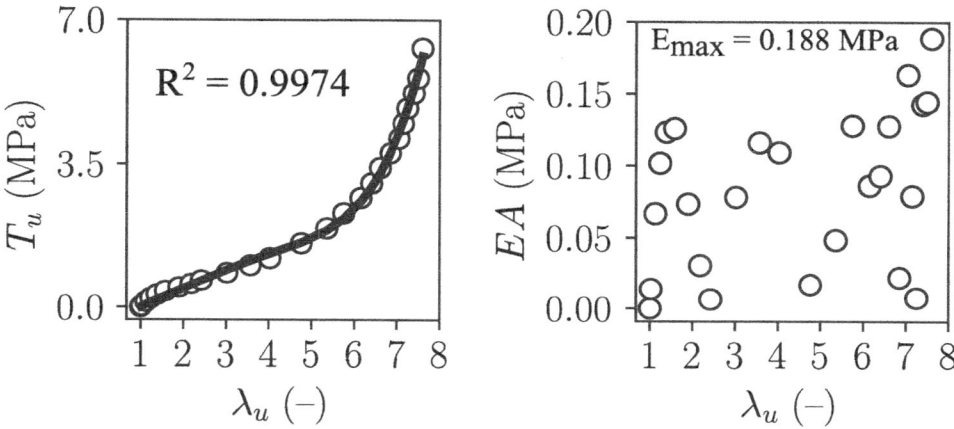

Figura 9.3 *Resultados de modelo de Ogden para datos uniaxiales de un caucho vulcanizado. (a) Comparación, (b) Error absoluto. Nota: en (a) la línea continua representa resultados del modelo y los marcadores representan datos experimentales.*

En la Figura 9.3 (a), se muestra en una nota el valor de R^2. Dicho valor se acerca a la unidad, por lo que se considera que, objetivamente, el modelo aproxima con una excelente precisión a los datos experimentales. Por otra parte, en la Figura (b) se muestra el error local por medio de el error absoluto EA; esto es, la diferencia individual entre los puntos estimados por el modelo y los datos experimentales. Como se observa, el EA máximo es de aproximadamente 0.22 MPa. ¿Este último resultado es bueno o malo? Eso depende de los usos que se le den al modelo. Quizás habrá situaciones donde se desee estimar con más exactitud y precisión a través de un modelo el momento previo a la rotura de un material. Entonces, en estas situaciones, valdría la pena de aumentar el número de valores para cada parámetro del modelo de Ogden, o bien, usar otro modelo hiperelástico.

Anteriormente se ha visto, como ejemplo, el uso del modelo de Ogden para estimar el esfuerzo uniaxial de datos de un material caucho vulcanizado. Otros modos de deformación, que son el biaxial y el planar, se presentan en La Figura 9.4. De igual manera, se muestran los valores de los errores global y local máximo a través del R^2 y el EA. Aquí es interesante observar que el modelo de Ogden captura con una precisión aceptable todos estos modos de deformación. Lo que confirma que es uno de los modelos más poderosos para cauchos. Se deja a los lectores el ejercicio de evaluar, con base en estos resultados, en qué modo de deformación es más preciso el modelo de Ogden para estos datos de Treloar.

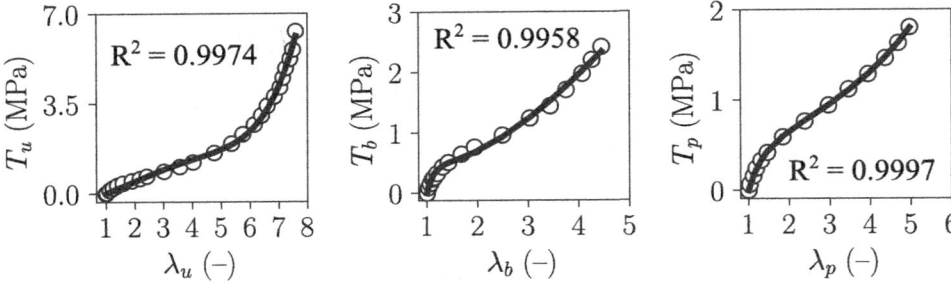

Figura 9.4 *Resultados de modelo de Ogden para datos uniaxiales, biaxiales y planares. Nota: la línea continua representa resultados del modelo, y los marcadores representan datos experimentales.*

¿Y cómo se observan los resultados de otros modelos con estos datos? ¿Son más precisos que el modelo de Ogden? La siguiente sección presenta el desempeño de los modelos hiperelásticos vistos previamente con los datos de Treloar de un caucho vulcanizado.

9.5. Implementación de modelos hiperelásticos

En esta última sección del capítulo, se presenta la implementación de los modelos hiperelásticos para los datos de Treloar. El objetivo detrás de esto, es que los lectores se familiaricen con el proceso de calibración y evaluación no sólo de un solo modelo, sino de los que estén a su disposición o de los que puedan ellos mismos construir; en la praxis, rara vez un modelo aplica para diversos materiales, y es tarea del científico, ingeniero o investigador el encontrar el más adecuado para la aplicación que el material entrañe.

9.5.1. Evaluación y comparación de modelos

Cuando se obtienen datos de la respuesta mecánica de un material elastómero y luego se quiere modelar con algun modelo hiperelástico como los vistas en el presente y el anterior capítulo, lo común es ejecutar en una computadora la calibración de un modelo, y luego evaluarlo ya sea a través de alguna métrica de error global o una métrica de error local.

La decisión de qué métrica de error usar, si es local o global, depende en gran medida de conocer los rangos de deformación y tasas de deformación a las que estará sometido un elastómero en una aplicación dada. Por ejemplo, en el caso de los neumáticos, se espera que la deformación del material sea en un amplio rango, mientras que en un sello mecánico, la deformación sea pequeña a moderada. En tales casos, en los neumáticos serviría evaluar un modelo con métricas de error global, mientras que en un sello, se recomienda usar métricas de error local. Aun así, esto no es exclusivo de una u otra, y un análisis riguroso y más completo exige evaluar los modelos con ambas métricas, favoreciendo y analizando con cuidado una sobre otra para la aplicación contemplada del material. Como ejemplo ilustrativo, se usarán los datos de Treloar que se presentaron en la Figura 9.2 para comparar y evaluar modelos tanto con métricas de error locales como globales.

Considérese la comparación de los modelos hiperelásticos con los datos a tensión uniaxial que se muestran en la Figura 9.5. En la gráfica izquierda, se puede apreciar que de los tres modelos comparativos, el de Yeoh es el único que reproduce la tendencia de los datos. Una observación más detallada permitiría darse cuenta de que, aunque el modelo de Yeoh captura la tendencia de los datos, existen desviaciones de los mismos. Esto solo se puede analizar y evaluar a través del error absoluto.

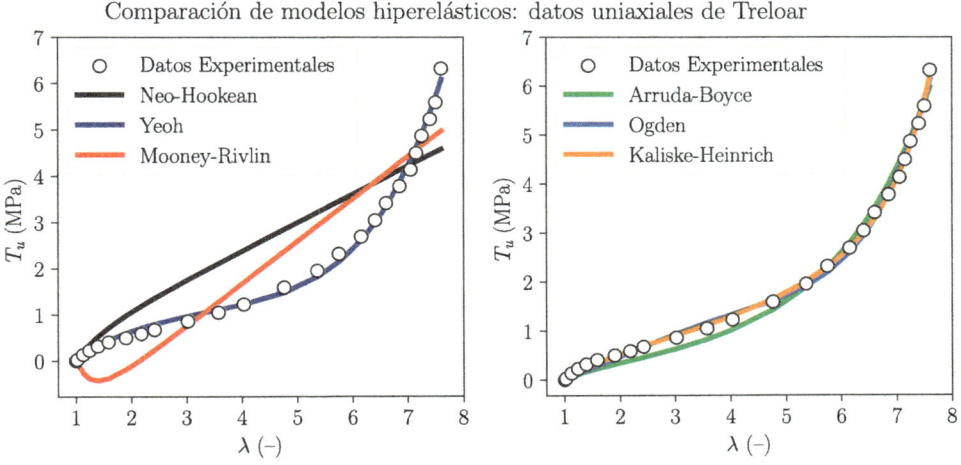

Figura 9.5 *Comparación de modelos hiperelásticos con datos uniaxiales de Treloar.*

Por otra parte, la gráfica de la derecha de la Figura 9.5 nos permite observar que los tres modelos presentados capturan también la tendencia de los datos de tensión uniaxial de Treloar. Al analizar detalladamente dicha gráfica, es posible darse cuenta de que el modelo de Kaliske-Heinrich es el que más se acerca a los datos. Esto sugiere que la evaluación de los modelos más cercanos a los datos y que reproducen su tendencia debe centrarse más en el error absoluto que en un error global. Además, cualquier evaluación gráfica cualitativa debe complementarse con una evaluación cuantitativa local, ya que es probable que los mejores modelos tengan valores de R^2 bastante altos. Esto se presentará más adelante.

En el caso de tensión biaxial, la Figura 9.6 muestra la comparación de los modelos hiperelásticos con datos experimentales. Tanto las gráficas izquierda como derecha sugieren que todos los modelos mostrados, a excepción del modelo Neo-Hookean, capturan en cierta forma la tendencia de los datos. De esta comparación gráfica, un análisis detallado revela que tanto el modelo de Yeoh como el modelo de Kaliske-Heinrich son los que mayormente se acercan a cada uno de los datos. *¿Qué tanto y cuál es el mejor?* Quizás, de nuevo, una métrica del error global no podría darnos la respuesta más acertada, pero como se verá en la parte final de esta sección, el error absoluto máximo podría aportar luz para decidirse por un modelo en concreto para estos datos biaxiales.

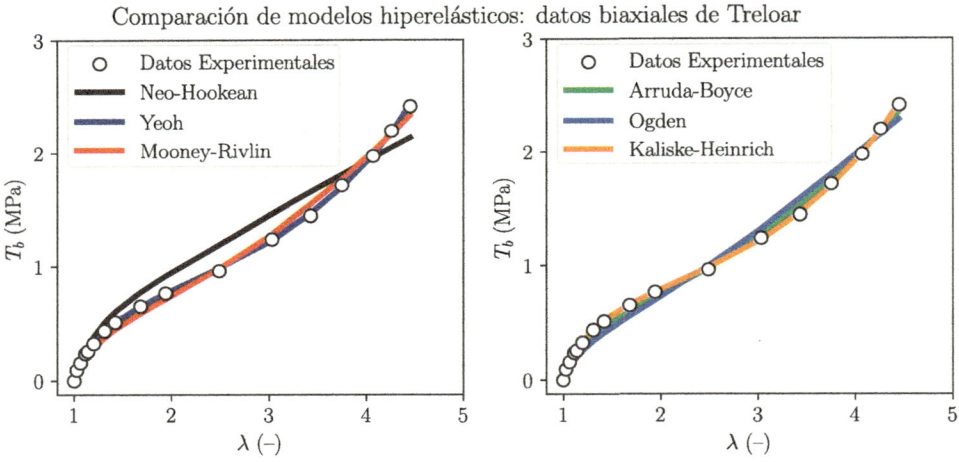

Figura 9.6 *Comparación de modelos hiperelásticos con datos biaxiales de Treloar.*

Finalmente, una comparación de los datos a deformación planar con respecto de los resultados de los modelos hiperelásticos se muestra en la Figura 9.7. En este caso, virtualmente todos los modelos se acercan a la tendencia de la respuesta mecánica del material. Incluso parecería que hay líneas que no se muestran; lo que sucede es que una ajusta sobre la otra. Aquí, de nuevo, el error absoluto máximo será la medida que permita decidir cuál es el mejor modelo.

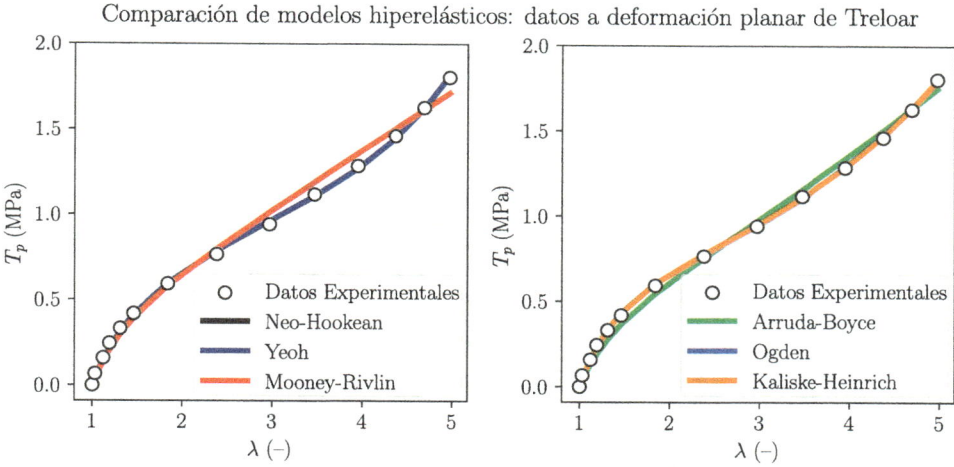

Figura 9.7 *Comparación de modelos hiperelásticos con datos planares de Treloar.*

Veamos los resultados del coeficiente de determinación R^2. Estos resultados se muestran en la Figura 9.8. Como se muestra, los modelos que más carecen de buenos resultados (coeficientes de determinación con valor alto) son los modelos Neo-Hookean y Mooney-Rivlin para los datos uniaxiales. Esto puede corroborarse al analizar gráficamente las comparaciones presentadas previamente. No obstante, esta figura podría no ser la más idónea para poder elegir un modelo, ya que las diferencias entre los modelos Yeoh, Arruda-Boyce, Ogden y Kaliske-Heinrich parecen ser despreciables, o al menos mínimas. Estos resultados siempre deben tomarse con cautela, ya que no precisan, a pesar de ser de naturaleza cuantitativa, qué tan adecuado es un modelo en términos de su ajuste para un dato en concreto, ni tampoco dan detalle del porcentaje global de error que existe entre cada uno de ellos. Por esto, siempre se sugiere usar al menos dos métricas de evaluación de un modelo, y justo lo que se hará a continuación, es comparar los resultados del DMAN.

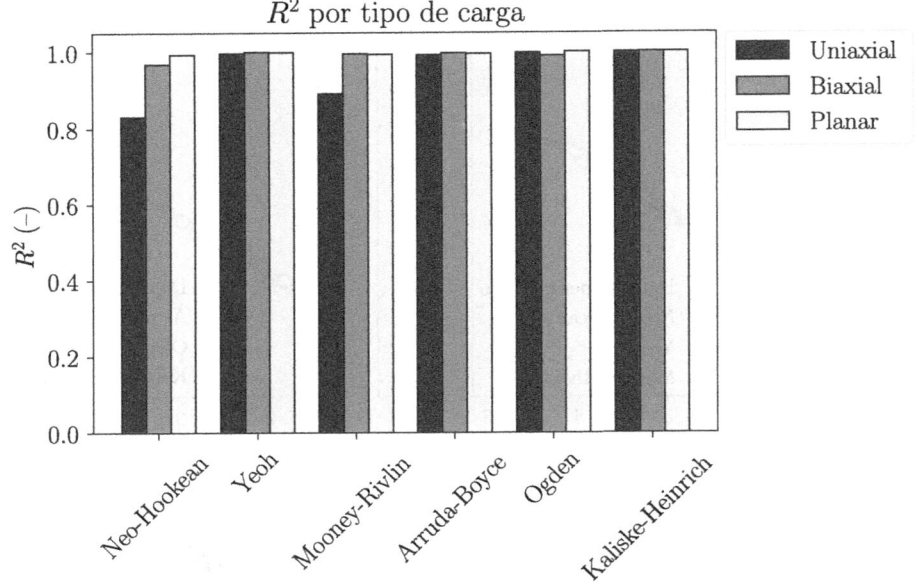

Figura 9.8 *Resultados del coeficiente de determinación de cada modelo hiperelástico.*

La Figura 9.9 presenta los resultados del error global porcentual de cada modelo para los datos de Treloar en cada caso de deformación. En esta figura ya es posible ver e identificar de forma precisa cuáles son los mejores modelos en términos de precisión y viceversa.

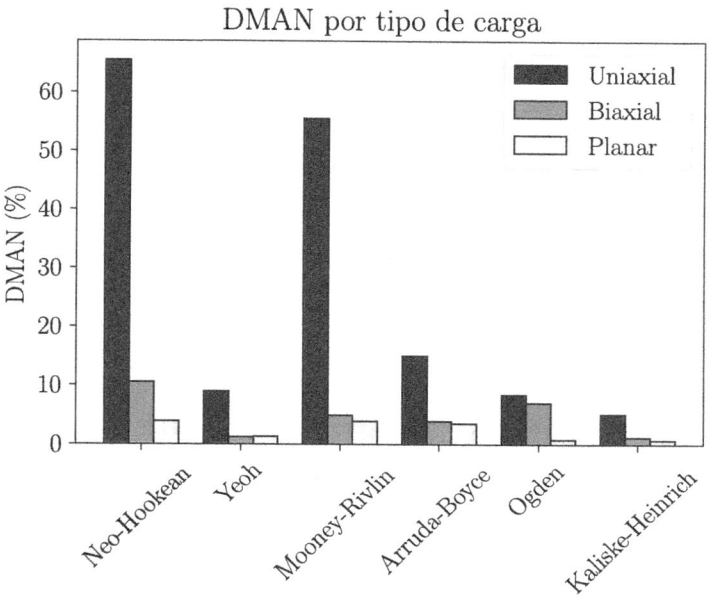

Figura 9.9 *Resultados de DMAN de cada modelo hiperelástico.*

Primero centremos el análisis de la Figura 9.9 sobre los datos a tensión uniaxial (barras más oscuras). Una comparación directa nos revela que el mejor modelo en términos de desempeño global es el de Kaliske-Heinrich; de forma opuesta, el modelo que no deberíamos seleccionar para reproducir estos datos es el Neo-Hookean, ya que en términos de porcentajes, representa más del 60% de error con respecto a los datos experimentales.

En cuanto a los resultados de la DMAN en la Figura 9.9 tanto para datos biaxiales como planares (barras más claras en color gris), nos muestra que el modelo de Kaliske-Heinrich es el mejor para capturar la respuesta mecánica del material a deformación planar, y el de Yeoh a deformación biaxial.

Finalmente, la Figura 9.10 presenta los resultados del error absoluto máximo. Aquí es importante destacar que el modelo de Kaliske-Heinrich destaca para todos los modos de deformación con valores más bajos del error absoluto máximo. En contraposición, los modelos de Mooney-Rivlin y Neo-Hookean no son convenientes y, a la vista de estos resultados, no deberían ser considerados para modelar el material de Treloar en cuestión.

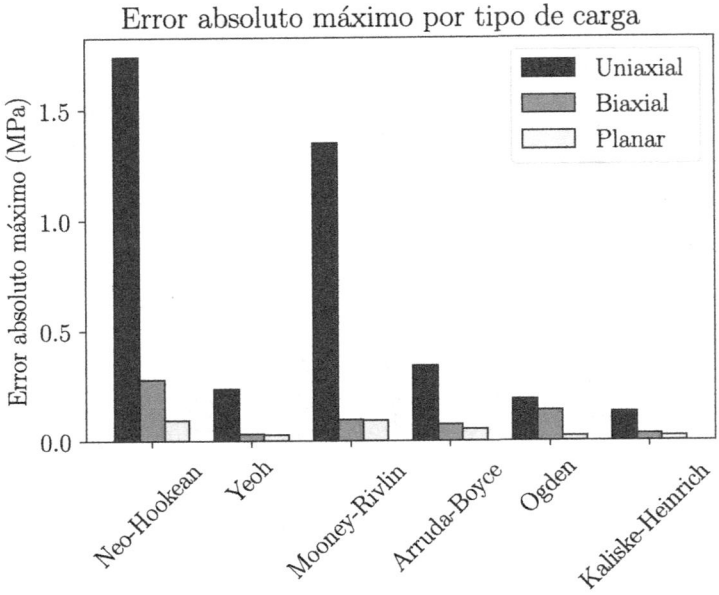

Figura 9.10 *Resultados del error absoluto máximo de cada modelo hiperelástico.*

En resumen, como se ha visto, el análisis de los resultados de la calibración de modelos hiperelásticos debe centrarse en comprobar la efectividad de estos en lo que refiere a tres dimensiones en concreto: (a) evaluación gráfica cualitativa con ayuda de diagramatización, (b) evaluación global cuantitativa a través de métricas como el coeficiente de determinación o la DMAN, y (c) evaluación local cuantitativa, con ayuda de métricas como el error absoluto máximo. Solo así se está en condición de seleccionar objetivamente un modelo respecto de otro, algo que es fundamental cuando se tienen datos de un material y se busca reproducirlo con la mayor fidelidad posible.

Para proporcionar una visión integral y concisa del proceso de calibración y selección de modelos hiperelásticos, la próxima sección del texto profundizará mediante un caso práctico, presentando un ejemplo detallado que aplica los principios discutidos a los datos de un material diferente al de Treloar. Este enfoque no solo ilustra la aplicación de las técnicas y métricas evaluadas en contextos diversos, sino que también ayuda a reafirmar la universalidad y adaptabilidad de los métodos de modelado hiperelástico al enfrentarse a variados escenarios experimentales y condiciones de prueba.

9.5.2. Calibración de un material elastómero sintético

La Figura 9.11 presenta los datos de un polímero polidimetilsiloxano, o por sus siglas en inglés, PDMS, y también conocido como *silicona de grado médico*, es un polímero conocido por su conjunto de propiedades excepcionales que lo hacen ideal para una amplia variedad de aplicaciones. Este material transparente, inerte y no tóxico se distingue por su estabilidad térmica y química, flexibilidad y elasticidad, así como por su capacidad para permitir la difusión de gases. Su resistencia a una amplia gama de temperaturas y agentes químicos, junto con su habilidad para replicar estructuras detalladas en procesos de microfabricación, lo convierte en un recurso valioso en campos como la medicina, la biotecnología y la ingeniería de microsistemas.

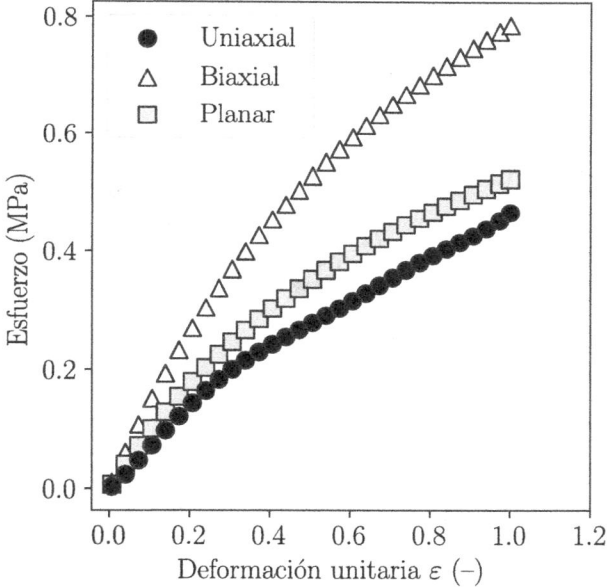

Figura 9.11 *Datos de la respuesta mecánica de un material PDMS a diferentes modos de deformación. Fuente: Limjeerajarus et al. (2020).*

La Figura 9.11 muestra una diferencia significativa que podría pasar desapercibida con respecto a los diagramas que se han mostrado en secciones precedentes: los datos de la deformación no están en formato de estiramientos principales, sino en deformación unitaria ε. Para poder trabajar los modelos hipeelásticos y encontrar sus parámetros es necesario transformar la deformación unitaria a datos de estiramientos principales. Para cada conjunto de datos respecto a su modo de deformación, esto se logra mediante las siguientes ecuaciones:

$$\lambda_u = 1 + \varepsilon_u,$$
$$\lambda_b = 1 + \varepsilon_b, \tag{9.62}$$
$$\lambda_p = 1 + \varepsilon_p,$$

donde ε_u, ε_b y ε_p corresponden, respectivamente a la deformación unitaria, biaxial y planar. Para el caso mostrado, una vez que se realizan las transformaciones adecuadas, la nueva Figura 9.12 muestra los datos del PDMS ahora sí, teniendo en cuenta los estiramientos principales del material.

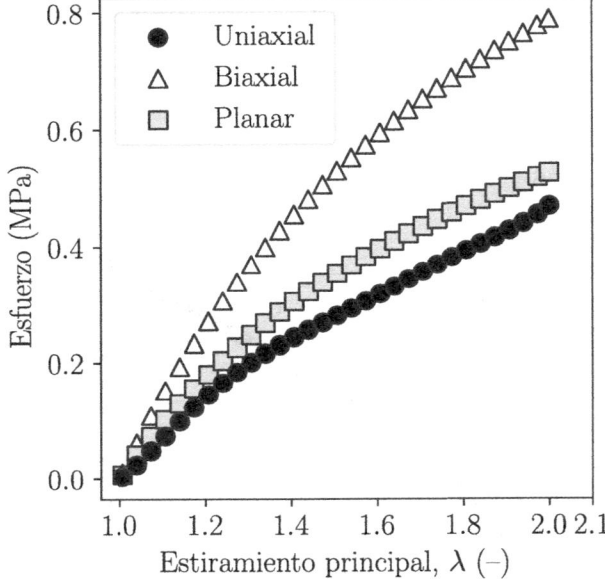

Figura 9.12 *Datos corregidos de la respuesta mecánica de un material PDMS a diferentes modos de deformación.*

Toda vez que se han corregido y *preprocesado* los datos del PDMS, para ponerlos en la forma en que se describen los modelos hiperelasticos, el siguiente paso es seleccionar aquellos modelos que se vayan a calibrar. Para este ejemplo, se propondrán los modelos de Yeoh, Arruda-Boyce y Kaliske-Heinrich. En este punto, es importante destacar que la gran mayoría de las máquinas de pruebas y ensayos a un material arrojan la deformación en este formato. En este sentido, para circunnavegar esas dificultades y facilitar la implementación avanzada de modelado de materiales de este tipo, muchos software numéricos directamente usan datos de deformación unitaria e internamente hacen la conversión correspondiente.

En la Figura 9.13 se muestran los resultados obtenidos de la calibración de modelos hiperelásticos aplicados a los datos experimentales del polidimetilsiloxano (PDMS), abordando tres diferentes escenarios de deformación del material. Desde una perspectiva cualitativa, las curvas modeladas se adhieren notablemente con el comportamiento real observado en los datos experimentales, lo cual sugiere que los modelos hiperelásticos calibrados son capaces de capturar con alta fidelidad la respuesta mecánica del PDMS bajo variadas condiciones de carga. Esta situación podría sugerir que cualquiera de los tres modelos puede ser usado; no obstante, esta decisión merece la evaluación local cuantitativa por medio del error absoluto.

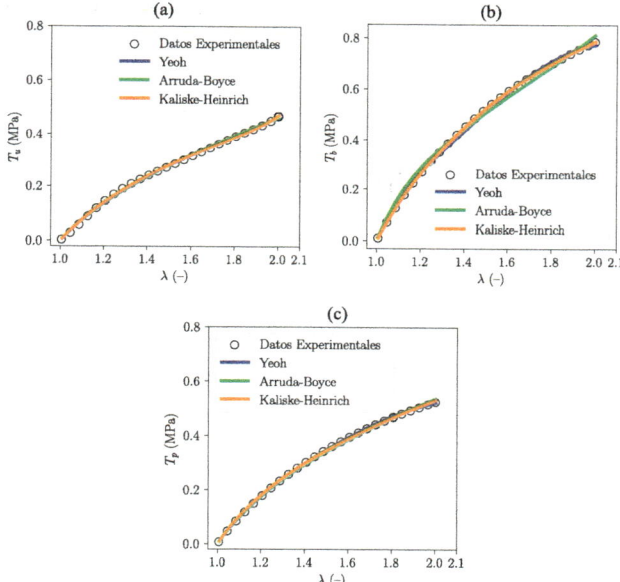

Figura 9.13 *Calibración y resultados de modelos hiperelásticos para un elastómero PDMS para: (a) tensión uniaxial, (b) tensión biaxial, y (c) tensión planar.*

La Tabla 9.2 presenta los resultados de los tres modelos, en términos de las métricas de error globales y local.[6] Aquí vale la pena resaltar la precisión de los decimales en estas cifras: cuando se tienen modelos en los que pareciese no hay diferencias significativas, se prefiere reportar el error de las métricas a cuatro cifras.

---

6. Una evaluación de error local y global cuantitativa no solo puede realizarse mediante gráficos de barras, como se hizo con los datos de Treloar; también se pueden realizar tablas para indicar valores numéricos. Así, evidentemente, este formato ofrece más precisos.

Modo de deformación	Modelo	DMAN	R^2	EA
	Yeoh	0.00296	0.9992	0.00877
Uniaxial	Arruda-Boyce	0.00499	0.9983	0.00971
	Kaliske-Heinrich	0.00325	0.9991	0.00816
	Yeoh	0.00785	0.9985	0.01665
Biaxial	Arruda-Boyce	0.01504	0.9944	0.02776
	Kaliske-Heinrich	0.00018	1.0000	0.00029
	Yeoh	0.00170	0.9998	0.00352
Planar	Arruda-Boyce	0.00412	0.9990	0.01019
	Kaliske-Heinrich	0.00336	0.9994	0.00606

Basándonos en los resultados presentados en las métricas de evaluación, el modelo de Kaliske-Heinrich demuestra una capacidad superior en predecir el comportamiento del material bajo condiciones de deformación biaxial, evidenciado por un coeficiente de determinación R^2 cercano a la unidad y los menores valores de DMAN y error absoluto máximo. Para deformaciones uniaxiales y planares, el modelo de Yeoh muestra un balance adecuado entre precisión y complejidad, con R^2 consistentemente altos y errores mínimos comparables a los del modelo Kaliske-Heinrich. En contraste, el modelo Arruda-Boyce, aunque aceptable, se sitúa consistentemente detrás de los otros modelos en términos de precisión en todas las modalidades de deformación probadas. Por lo tanto, con estos datos, se recomendaría el modelo Kaliske-Heinrich para aplicaciones donde la precisión en la predicción bajo deformación biaxial es crítica, mientras que el modelo de Yeoh es preferible para un rendimiento robusto en aplicaciones más generales de deformación uniaxial y planar.

Una última evaluación, no mencionada hasta este punto, sería la diagramatización del error absoluto con respecto a la deformación tal como se muestra en la Figura 9.14. Este análisis consiste en trazar el error absoluto máximo registrado para cada modelo frente a diferentes niveles de deformación aplicada. Tal representación gráfica permite visualizar directamente cómo el rendimiento de cada modelo varía con la intensidad de la deformación, proporcionando una perspectiva clara sobre la dependencia del error respecto a la magnitud de la deformación. Esta diagramatización es especialmente relevante de analizar en contextos de los rangos de deformaciones operativas de un material; así, modelos que exhiben pequeñas variaciones de error en un espectro amplio de deformaciones son preferibles para aplicaciones que demandan alta fiabilidad bajo condiciones variables. Por el contrario, un modelo cuyo error aumenta significativamente con mayores deformaciones podría no ser adecuado para aplicaciones donde se esperan grandes deformaciones. Por ejemplo, estos resultados, graficados en forma logarítmica, nos revelan claramente que el modelo de Kaliske-Heinrich es excepcional para reproducir deformación biaxial; para casos de deformación uniaxial y planar, el modelo de Yeoh obtiene menores valores del error máximo.

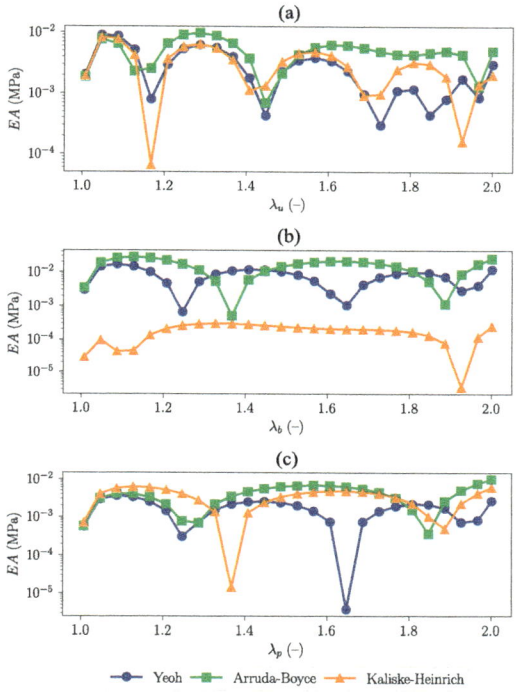

Figura 9.14 *Resultados del Error Absoluto de modelos hiperelásticos para datos del PDMS.*

9.6. Resumen

Los elastómeros son materiales incompresibles. Aunque la raíz de esta fenomenología es tema de discusión y de investigación actual, al menos la *respuesta macro* de estos materiales ante excitaciones de carácter volumétrico, sugiere que conservan su volumen a pesar de las cargas. Esto permite que la componente volumétrica de la formulación matemática de hiperelasticidad se reduzca a cero, por lo que el análisis en la mayoría de las ocasiones se hace a través de modelos hiperelásticos en su versión incompresible.

Este capítulo presentó las diferentes versiones de los modelos hiperelásticos para el caso de incompresibilidad. Asimismo, su correcta implementación en el lenguaje Python se hizo efectiva, y a través de dos conjuntos de datos para diferentes materiales, se ilustró el proceso y evaluación de calibración de dichos modelos. Aquí es importante destacar que este proceso es el que usualmente se sigue para encontrar un modelo para materiales elastómeros nuevos, o bien, para materiales que han sufrido algún tratamiento. Sin embargo, aunque se evaluó la deformación uniaxial, biaxial y planar, el modelado de piezas reales inicia una vez que se obtienen los parámetros de los modelos hiperelásticos.

Referencias

1. Mott, P. H., Roland, C. M., y Corsaro, R. D. (2008). Bulk modulus and compressibility of viscoelastic materials. Journal of Sound and Vibration, 312(4-5), 572–575.

2. Gent, A. N. (2012). Engineering with Rubber: How to Design Rubber Components (3rd ed.). Carl Hanser Verlag.

3. Neff, P. (s.f.). Experimental data for the biaxial deformation of vulcanized rubber, measured in 1944 by L.R.G. Treloar and in 1975 by Treloar and D.F. Jones, provided by courtesy of R. Ogden [Conjunto de datos]. Recuperado de

4. Limjeerajarus, N., Prasopdee, S., Aueviriyavit, T., y Chaikaew, P. (2020). Experimental data on mechanical behavior and numerical data on tensile stress distribution of a hyperelastic polydimethylsiloxane (PDMS) based membrane for cell culture. Data in Brief, 30, 105476.

5. Arruda, E. M., y Boyce, M. C. (1993). A three-dimensional constitutive model for the large stretch behavior of rubber elastic materials. Journal of the Mechanics and Physics of Solids, 41(2), 389–412.

## Capítulo 10

Introducción al modelado numérico de elastómeros

Como se ha visto en capítulos anteriores, el modelado mecánico hiperelástico de elastómeros se basa en descripciones matemáticas de la función de energía de deformación ψ. No existe una función universal única para describir todos los materiales, ya que los elastómeros son altamente diversos y presentan comportamientos distintos según el tipo de deformación al que se someten. Un ejemplo de ello es el caucho natural y el PDMS: ambos tienen orígenes distintos y respuestas mecánicas significativamente diferentes. Por lo tanto, algunos modelos hiperelásticos podrían funcionar efectivamente para uno de ellos, pero no para el otro, y viceversa. A fin de capturar con precisión las características mecánicas específicas de un elastómero y su respuesta mecánica, es fundamental proponer, seleccionar o calibrar una forma de la función de energía de deformación adecuada para cada caso particular.

Esto sucede a nivel de caracterización de un material y su consecuente modelado matemático. Sin embargo, para el modelado moderno de piezas mecánicas fabricadas con elastómeros, que no están sujetas a un solo modo de deformación —sino que sufren esfuerzos multiaxiales—, se requieren otros esfuerzos y herramientas que puedan generalizar la respuesta mecánica de un material. Aunque estas dos etapas son la base del conocimiento requerido para entender su análisis, optimización o diseño, es necesario disponer de métodos que permitan abordar las complejidades adicionales.

Este último capítulo introduce una herramienta muy poderosa para el análisis de piezas mecánicas que sufren deformación compleja bajo cargas multiaxiales. Debido a su versatilidad, hoy en día tiene la capacidad de incorporar el análisis de piezas y estructuras de constitución elastomérica. Esta herramienta es el *Método de los Elementos Finitos* (MEF). Aunque no se profundizará en su formulación matemática ni en su implementación numérica, se presentará en qué consiste al menos a un nivel general; es decir, se mencionarán sus etapas principales y cómo se conecta con los modelos hiperelásticos para llevar a cabo simulaciones mecánicas de materiales y piezas elastoméricas.

10.1. *Método de los elementos finitos*

El método de los elementos finitos, conocido por sus siglas en inglés FEM (*finite element method*), es un paradigma de modelado y análisis numérico de problemas que se originó en la década de 1940. Durante este periodo, el ingeniero ruso-canadiense Alexander Hrennikoff y el matemático germano-estadounidense Richard Courant publicaron, en diferentes ocasiones y publicaciones, métodos de discretización y solución de dominios continuos mediante retículas (Hrennikoff) y regiones triangulares (Courant) (Sabat y Kundu, 2021). A partir de sus trabajos, se produjo una evolución significativa que permitió el desarrollo de métodos matemáticos y numéricos para: (a) discretizar un problema continuo (como una estructura) y (b) resolver los sistemas de ecuaciones derivados de dichos métodos de discretización. Entre 1940 y 1970, diversas figuras académicas y científicas que contribuyeron a estos avances incluyen a Ray William Clough, John H. Argyris, Olgierd C. Zienkiewicz, Edward L. Wilson y Robert L. Taylor (Liu et al., 2022). Estos desarrollos fueron fundamentales para establecer las bases del FEM y su posterior adopción en diversas disciplinas.

Aunque la descripción básica del FEM lo presenta como un paradigma que discretiza un dominio continuo y lo resuelve por partes, esta definición no hace justicia a los avances logrados por estos y otros autores. Es importante reconocer que, a un nivel general, el método consiste en subdividir un continuo complejo, como una pieza, en pequeños trozos llamados *elementos finitos*. Posteriormente, cada uno de estos elementos se resuelve mediante algoritmos específicos, lo que permite abordar problemas que de otra manera serían muy difíciles, si no imposibles, de solucionar.

Consideremos, por ejemplo, el caso de una pieza sometida a deformación bajo carga. Las características geométricas de dicha pieza pueden influir significativamente en su respuesta mecánica y comportamiento estructural. Para ilustrar esto, no es lo mismo comprimir un cilindro sólido que uno con una intrincada red de agujeros; seguramente la respuesta del cilindro con agujeros será más flexible, y esta diferencia estará determinada más por la geometría que por el material de la pieza. Si intentáramos modelar este cilindro analíticamente, quizás tendríamos que resolver sistemas de ecuaciones diferenciales únicamente por la geometría de la pieza.

Aún más complejas son las condiciones de frontera o las sujeciones de estas piezas. Por ejemplo, en modelos como los que se ven en Resistencia de Materiales o

Mecánica de Sólidos, generalmente se contemplan sujeciones simples. Sin embargo, en la vida real, algunas situaciones hacen casi imposible simplificar las interacciones entre piezas, como la unión entre un álabe de turbina y su rotor, donde fenómenos como la capa límite y la variación en los coeficientes de fricción complican el análisis. En estos casos, resolver las ecuaciones diferenciales mediante métodos analíticos es, a menudo, intrincadamente difícil o directamente imposible para muchas configuraciones geométricas y condiciones de carga. Por lo tanto, para lograr diseños seguros y exitosos, es crucial abordar estas complejidades. Es precisamente por esta razón que investigadores como Hrennikoff y Courant desarrollaron sus métodos, los cuales han demostrado ser altamente valiosos en diversas industrias, desde la aviación hasta la ingeniería civil.

El proceso general del método de elementos finitos moderno se organiza en tres etapas principales: preprocesado, procesado y postprocesado. Estas fases estructuran el flujo de trabajo y permiten un análisis detallado del comportamiento de los sistemas bajo estudio. Se verán estas tres etapas a continuación.

10.2. Etapas principales del método de elementos finitos

Primero, es importante reconocer cuáles son las tres etapas fundamentales del método de los elementos finitos (véase Figura 10.1): (i) preprocesado, (ii) procesado y (iii) postprocesado. Estas fases, o etapas, estructuran el enfoque de solución de dicho método, facilitando el modelado detallado de piezas en entornos simulados. Para este fin, es importante destacar que existen códigos computacionales o software de simulación por elementos finitos, tanto de licencia abierta, como Code Aster (Electricité de France, 1989–2017) y FEBio (Maas et al., 2012), como propietarios, como Abaqus (Dassault Systèmes, 2024) y ANSYS (ANSYS Inc., 2017). Estos códigos y software permiten que el trabajo de análisis mediante elementos finitos se concentre más en la construcción del modelo y la interpretación de sus resultados que en su solución numérica y el control de las matemáticas que rigen el modelo. Es decir, en cierto grado, el análisis por medio de elementos finitos se ha automatizado para dar fluidez al entendimiento de un sistema más que de cómo este se resuelve.

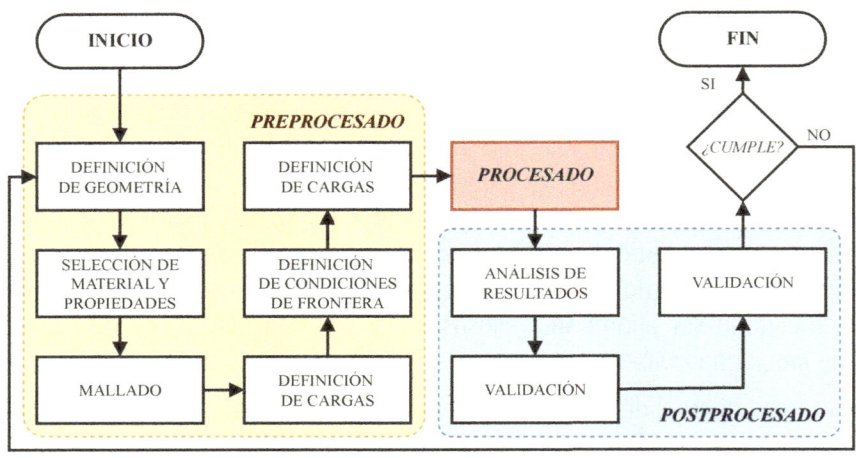

Figura 10.1 *Etapas generales del método de los elementos finitos.*

La Figura 10.1 presenta estas etapas, que, a su vez, encierran sus propias actividades. A continuación se describirá cada una de estas etapas en la lógica que se entiende en el uso de software de elementos finitos, para proporcionar una comprensión clara y funcional del proceso completo, al menos a un nivel general, de lo que es el método de los elementos finitos.

10.2.1. Preprocesado

La etapa de preprocesado es la primera y una de las más críticas en el método de los elementos finitos. Durante esta fase se define la geometría del objeto de estudio mediante un modelo CAD; se genera la malla de elementos finitos del mismo, lo que implica la subdivisión del modelo en pequeñas unidades que simplifican la estructura compleja del material. También se definen las condiciones de frontera (sujeciones) y las fuerzas a las que estará sometida una pieza o ensamblaje, así como el modelo de material correspondiente. Estas etapas pueden observarse en el recuadro de preprocesado de la Figura 10.1.

En la etapa de preprocesado, la geometría puede ser importada desde un archivo generado en un software CAD[1], como FreeCAD (Riegel et al., 2001), o software propietario. Esto se hace usualmente mediante archivos con extensiones .VTK, .STEP o

---

1. Diseño asistido por computadora, del inglés *computer-aided design*.

.IGES, puesto que son formatos intercambiables entre muchas plataformas y software de análisis de elementos finitos, los cuales están optimizados para trabajar con ellos. Ejemplos de geometrías CAD para un ensamblaje de biela mecánica de un automotor se muestran en la Figura 10.2.

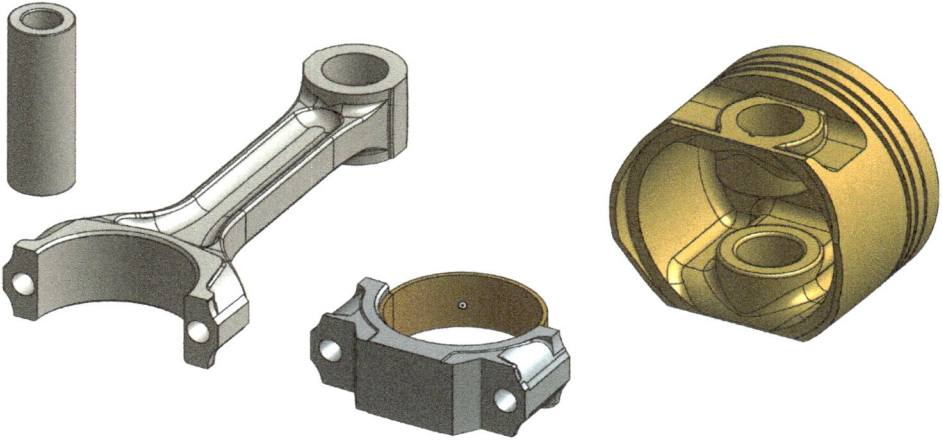

Figura 10.2 *Ejemplos de geometrías CAD que componen el ensamble de una biela-pistón de un automotor. De izquierda a derecha: (a) pin, (b) mitad de biela superior, (c) mitad de biela inferior, y (d) pistón.*

Una vez definida la geometría del objeto a estudiar, se procede a su discretización mediante elementos finitos. Aquí, el usuario especifica el tipo de elementos a utilizar, así como su tamaño y las condiciones de los mismos; en la práctica, a esto se le conoce como la generación de la malla del modelo. Por ello, la distribución y el dimensionamiento adecuados de estos elementos son importantes, ya que la calidad de la simulación depende significativamente de estos factores. Aunque el detalle de las técnicas de mallado excede el alcance de este texto, es relevante mencionar que la construcción de una malla adecuada puede consumir una parte considerable del tiempo dedicado al proceso de simulación. Por esta razón, muchos programas incluyen algoritmos automáticos de mallado.[2] La Figura 10.3 ilustra un caso de discretización de una geometría CAD a malla de elementos finitos.

2. Adicionalmente, existe una amplia literatura especializada que ofrece guías y pautas para la creación de mallas efectivas en el análisis, la cual puede ser consultada para profundizar en este tema; véase, por ejemplo, el libro de Zienkiewicz y Taylor (2013).

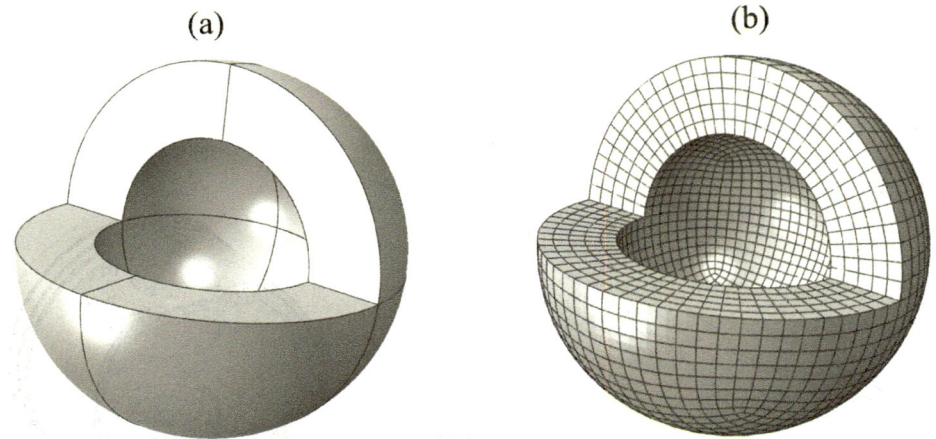

Figura 10.3 *Discretización de una geometría CAD en elementos finitos. Donde: (a) geometría CAD, y (b) malla de elementos finitos.*

Además de la geometría y el tipo de malla de elementos finitos, otra parte esencial es la selección de las propiedades del material. De hecho, esta es la etapa en la que se define, previo al análisis, si una pieza deberá modelarse bajo algún enfoque, como la hiperelasticidad o la elasticidad lineal. Esta es una parte compleja y requiere del conocimiento del usuario sobre el tipo de material que piensa analizar. En el caso de piezas elastoméricas, esta definición se hace por medio de constantes de algún modelo de hiperelasticidad o bien con datos experimentales del mismo.

En la etapa de preprocesado, el usuario debe indicar las fuerzas y restricciones a las que estará sometida la pieza en su operación real. A estas restricciones se les conoce como condiciones de frontera, y simulan el movimiento o la fijación que se logra mediante soportes o anclajes en una pieza real.

En resumen, la etapa de preprocesado del método de los elementos finitos requiere, al menos, definir la geometría del problema que se va a analizar, su constitución de material a través de algún modelo específico, la malla de elementos finitos y las condiciones de frontera y fuerzas consideradas.

10.3. Procesado

Durante la etapa de procesado en el método de los elementos finitos, se ejecuta el cálculo y la resolución numérica del problema que surge a partir del modelo realizado en la etapa de preprocesado, siguiendo la discretización inicial en elementos y nodos. Este proceso computacional involucra varias fases, desde el ensamblaje de las ecuaciones del sistema hasta la obtención de resultados sobre desplazamientos, tensiones, deformaciones y otros parámetros de interés.

El cálculo central en el método involucra el uso del *método de la matriz de rigidez*, fundamental en el análisis estructural. Este método se basa en la formulación de una matriz global de rigidez que integra las contribuciones individuales de cada elemento de la malla. La relación entre las fuerzas nodales $\mathbf{F}$ y los desplazamientos nodales $\mathbf{u}$ se expresa mediante la ecuación general:

$$\mathbf{F} = \mathbf{Ku} \tag{10.1}$$

donde:

- $\mathbf{K}$ es la matriz de rigidez global del sistema, que se construye ensamblando las matrices de rigidez locales de cada elemento.
- $\mathbf{F}$ es el vector de fuerzas nodales aplicadas.
- $\mathbf{u}$ es el vector de desplazamientos en los nodos.

El proceso comienza con el *ensamblaje* de la matriz de rigidez global $\mathbf{K}$, lo cual implica integrar las contribuciones de rigidez de cada elemento de la malla. Cada elemento tiene una matriz de rigidez local que se deriva de la formulación de las ecuaciones de equilibrio y las propiedades materiales asignadas. Estas matrices locales se mapean al sistema global y se ensamblan en una sola matriz de rigidez, cuya estructura es generalmente dispersa (es decir, contiene muchos ceros debido a que cada elemento afecta solo a los nodos que lo componen).

Una vez ensamblada la matriz de rigidez, se aplican las condiciones de frontera. Estas condiciones restringen ciertos grados de libertad en los nodos para representar situaciones físicas reales, como apoyos fijos o deslizantes, así como otras restricciones cinemáticas. Las condiciones de frontera pueden influir significativamente en la forma en que se resuelve el sistema de ecuaciones. Además, en esta etapa se incorporan las cargas externas al sistema a través del vector de fuerzas $\mathbf{F}$, el cual puede incluir fuerzas puntuales, distribuidas, efectos térmicos, presiones, entre otros. También se pueden considerar factores como la gravedad, la aceleración o efectos dinámicos si el análisis lo requiere.

La resolución del sistema de ecuaciones $\mathbf{Ku} = \mathbf{F}$ puede implicar cálculos intensivos, especialmente en modelos con un gran número de grados de libertad (mallas con millones de nodos). Dependiendo del tamaño y complejidad del problema, se utilizan diferentes métodos numéricos para resolver el sistema. Los métodos más comunes incluyen:

- *Métodos directos*, como la factorización LU para matrices dispersas o la factorización de Cholesky, que se usan en problemas de tamaño pequeño a mediano.

- *Métodos iterativos*, como el método de gradientes conjugados o el método de gradientes conjugados precondicionado, que son más eficientes para resolver sistemas grandes y dispersos.

La elección del método depende del tipo de análisis, las propiedades de la matriz de rigidez (simetría, dispersión) y las capacidades computacionales disponibles. En muchos programas modernos, se utilizan soluciones en paralelo o distribuidas para acelerar el proceso de resolución, especialmente en problemas de gran escala.

En el caso de análisis no lineales (tanto geométricos como materiales) o dinámicos, el proceso de solución es más complejo. En estos casos, se pueden usar algoritmos iterativos que actualizan la matriz de rigidez conforme se recalculan los desplazamientos y fuerzas en cada paso del análisis. Estos métodos pueden incluir técnicas como *Newton-Raphson* para la solución de problemas no lineales, o el *método de Newmark* para análisis dinámicos.

Una vez que se resuelve el sistema, los resultados obtenidos incluyen los desplazamientos en los nodos, que a su vez permiten calcular esfuerzos, deformaciones y otras variables mecánicas a través de la formulación del problema. En resumen, la etapa de procesado es el núcleo de la simulación de elementos finitos, donde se lleva a cabo la resolución numérica del modelo, permitiendo obtener una visión detallada del comportamiento estructural y mecánico del sistema bajo estudio. Dependiendo de la naturaleza del problema y la complejidad del modelo, se seleccionan algoritmos adecuados que garanticen tanto la precisión como la eficiencia computacional.

10.3.1. Postprocesado

En la etapa de postprocesado se interpretan los resultados obtenidos de las simulaciones de análisis de un modelo. Tras completar los cálculos de desplazamientos, esfuerzos y deformaciones en la etapa de procesado, el postprocesado transforma estos datos brutos en representaciones visuales y numéricas que los ingenieros pueden analizar fácilmente. Utilizando software especializado, esta fase permite visualizar los resultados mediante gráficos de contorno, diagramas de deformación y mapas de esfuerzos que muestran cómo las cargas afectan al material o estructura estudiada. Además, se pueden generar animaciones que simulan el comportamiento del modelo bajo cargas dinámicas, lo que ofrece una herramienta para la verificación del diseño y la identificación de posibles áreas de mejora en un sistema. La Figura

10.4 presenta un ejemplo de la obtención de mapas de esfuerzos de una prótesis de rodilla mediante elementos finitos.

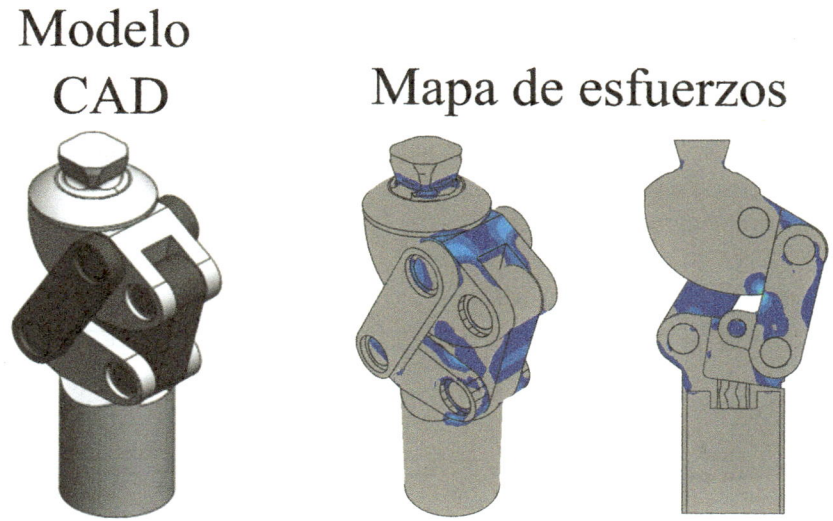

Figura 10.4 *Ejemplo de la obtención de mapas de esfuerzos de una prótesis de rodilla mediante elementos finitos.*

El postprocesado no solo facilita la interpretación visual, sino que también puede incluir la evaluación de los resultados con respecto a criterios de diseño específicos, como los factores de seguridad para esfuerzos máximos y deformaciones permisibles. Esta evaluación permite asegurar que el diseño cumpla con normativas y requisitos de ingeniería relevantes antes de la fabricación o la implementación en el campo.

Así, una vez obtenidos los esfuerzos, las deformaciones u otra magnitud relevante, los ingenieros pueden realizar ajustes en el modelo, tales como modificar la geometría, las propiedades del material o las condiciones de carga, y repetir el análisis para optimizar el diseño. Además, el postprocesado sirve como una fase de validación donde los resultados de la simulación se comparan con datos experimentales o con otros modelos teóricos para verificar la precisión del análisis. Esto es particularmente importante en el campo de los elastómeros, donde las propiedades del material pueden variar significativamente bajo diferentes condiciones ambientales o de carga. Esta capacidad de validar y refinar modelos asegura que las técnicas de elementos finitos sigan siendo relevantes y precisas en aplicaciones prácticas y de investigación.

10.4. Simulación de una pieza elastomérica mediante elementos finitos

En esta sección se mostrará cómo crear un análisis de elementos finitos de un reductor de vibraciones fabricado con PDMS, el cual se presentó en el capítulo anterior (véase Figura 10.5). La idea, más que verificar exhaustivamente el comportamiento de este elemento de máquina, es ilustrar cómo se integran los modelos hiperelásticos en el software de elementos finitos Abaqus en su versión estudiantil. Por esta razón, no se presentan datos experimentales del problema, y este puede entenderse en un contexto plenamente didáctico.

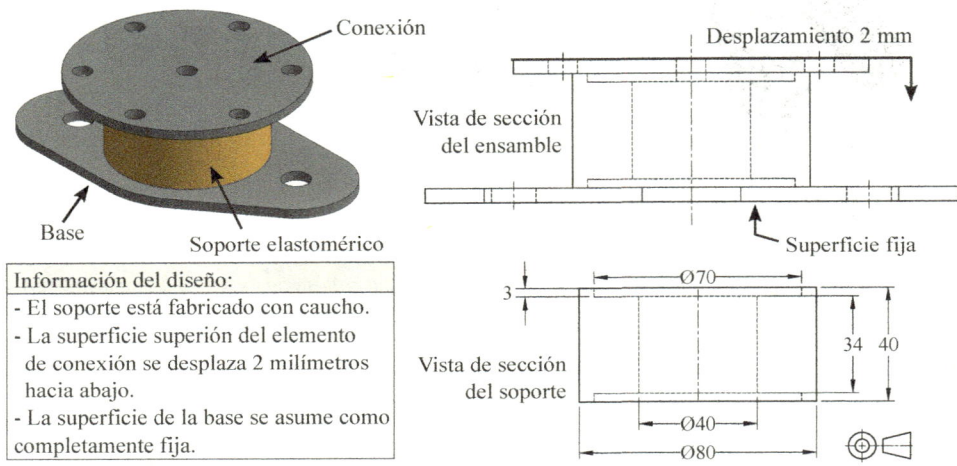

Figura 10.5 *Soporte elastomérico anti-vibraciones. Nota: todas las dimensiones se encuentran en milímetros.*

Para el ejemplo propuesto, se usará el modelo de Mooney-Rivlin para simular el material del soporte. Esto se llevará a cabo al ingresar los valores de los parámetros C_{10} y C_{01} en la interfaz gráfica de Abaqus Learning Edition. Aquí es importante resaltar que se modelará el material como incompresible, por lo que el parámetro relacionado con la compresibilidad, en este caso D_1, será considerado como cero.

Finalmente, se recomienda al lector descargar la versión estudiantil de Abaqus (Abaqus Learning Edition)[3] para seguir los pasos que se presentan en las siguientes secciones. Esta versión del software es gratuita y está dirigida a fines educativos, pero tiene importantes limitaciones, como restricciones en el número de nodos y elementos, que deben consultarse en la página oficial antes de la instalación.

---

3. https://www.3ds.com/edu/education/students/solutions/abaqus-le

10.4.1. Aspectos preliminares de Abaqus Learning Edition

Abaqus/CAE está dividido en módulos, cada uno especializado en una parte del proceso de simulación mediante el método de elementos finitos. Los módulos principales son los siguientes:

- *Part*: para crear la geometría.

- *Property*: para definir los materiales y las secciones.

- *Assembly*: para posicionar y ensamblar las partes.

- *Step*: para definir los pasos de análisis.

- *Load*: para aplicar cargas y condiciones de contorno.

- *Mesh*: para generar la malla.

- *Job*: para ejecutar el análisis.

- *Visualization*: para visualizar y analizar los resultados.

Es posible cambiar entre estos módulos usando el menú desplegable ubicado en la parte superior de la ventana principal de Abaqus/CAE o seleccionando el módulo deseado en la barra lateral izquierda. Cada módulo ofrece herramientas específicas según la fase de la simulación en la que se encuentre.

A continuación se darán los pasos generales para modelar el reductor de vibraciones.

10.4.2. Preprocesado

1. En el módulo *Part*, se creará una nueva parte en 2D axisimétrica para representar la geometría del soporte. Para este propósito, es necesario seleccionar *Part* → *Create* dando clic en el ícono correspondiente o a través del menú contextual. Una vez hecho esto, se abrirá una ventana emergente en la que se nombrará la pieza como soporte, se seleccionará la opción *Axisymmetric* y se dará clic en el botón *Continue...*. Si todo se hizo correctamente, la interfaz gráfica de Abaqus/CAE presentará un espacio para dibujar la sección de nuestra pieza.

   En este caso, se modela sólo la sección del soporte que se muestra en color en la Figura 10.5, teniendo en cuenta la geometría de la Figura 10.6.

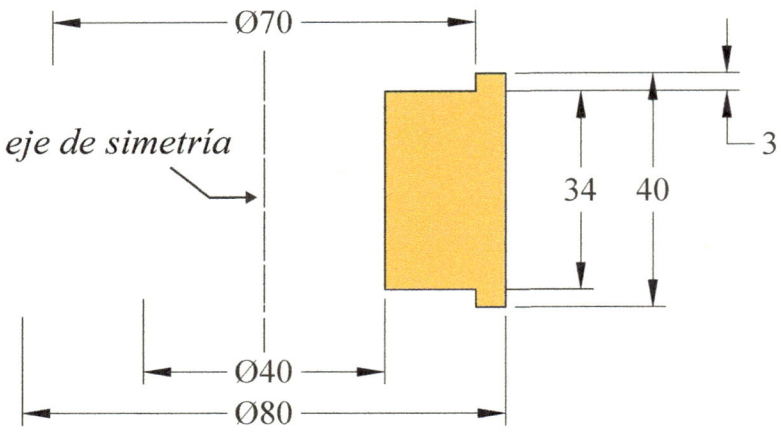

Figura 10.6 *Sección axisimétrica del soporte. Las unidades están en milímetros.*

Una vez realizado el dibujo correspondiente, se debe dar clic en el botón Done, ubicado en la parte inferior del área de dibujo.

Posteriormente, y sin salir del módulo *Part*, se seleccionará el menú desplegable *Tools* → *Partition*, lo que abrirá una ventana llamada *Create Partition*. En esta nueva ventana, se seleccionará *Face* → *Sketch*, se seleccionará la sección de la pieza y se dará clic en el botón *Done*. Con esto, se abrirá una nueva área de dibujo; aquí se crearán las líneas de partición para asegurarnos de generar las particiones que permitan modelar las sujeciones de la pieza. Estas particiones deben estar acordes con la Figura 10.7.

Figura 10.7 *Particiones de la sección axisimétrica del soporte.*

Si todo ha salido correcto, se tendrá en el árbol de modelo de Abaqus/CAE, dentro de la opción *Parts*, la pieza llamada *soporte* y, si se expande, una característica llamada *Partition-face 1*. Esto es todo lo que se hará en el módulo Part.

2. Luego, se cambiará al módulo *Property* para definir el material hiperelástico utilizando el modelo de Mooney-Rivlin. Lo primero que se deberá hacer es desplegar el menú *Material* → *Create*. Esto abrirá una nueva ventana que pide el nombre del material. Aquí se le llamará caucho. Luego, en la misma ventana, seleccionar *Mechanical* → *Elasticity* → *Hyperelastic* y, a continuación, en el menú desplegable *Strain energy potential*, seleccionar Mooney-Rivlin y la opción de *Coefficients*. Con esto, hay que ingresar los siguientes valores y dar clic en *OK* para salir de esta ventana:

- $C_{10} = 0{,}176050524$
- $C_{01} = 0{,}00433263031$
- $D_1 = 0{,}0$

3. Luego, en el mismo módulo *Property*, se tiene que crear una sección sólida y asignar el material al soporte. Para esto, hay que ir al menú desplegable *Section* → *Create*, lo que abrirá una nueva ventana llamada *Create Section*. Aquí, se llamará a esta sección *caucho_seccion*, y se seleccionará *Solid* y *Homogeneous*. Dar clic en *Continue...* y en la siguiente ventana seleccionar el material caucho previamente creado. Dar clic en OK.

Si todo ha salido correcto, se tendrá en el árbol de modelo de Abaqus/CAE el material caucho y la sección correspondiente. Sólo falta asignar esta propiedad a la geometría del soporte. Para ello, dentro del módulo *Property*, hay que abrir el menú desplegable *Assign* → *Section*, seleccionar todas las áreas de la pieza y dar clic en *Done*. Esto es todo lo que hay que realizar en el módulo *Property*.

4. En el módulo *Mesh*, se deberá abrir el menú desplegable *Mesh* → *Element Type*, seleccionar las caras de la pieza y dar clic en *Done*. En la ventana *Element Type*, se deben configurar las siguientes opciones:

- *Element Library: Standard*
- *Family: Axisymmetric*
- *Geometric Order: Linear*
- Activar la casilla *Hybrid formulation*

Esta selección conduce a elementos finitos axisimétricos de 4 nodos del tipo CAX4H.

Luego, hay que definir el tamaño de malla. Para este fin, abrir el menú *Seed* → *Part*, ingresar un tamaño de semilla adecuado (por ejemplo, 1 mm) y dar clic en *OK*.

Posteriormente, generar la malla mediante el menú *Mesh* → *Part* y confirmar con *Yes*. Con esto, se tendrá la malla de elementos finitos de nuestra pieza. Esto es todo lo que hay que hacer en el módulo *Mesh*.

5. En el módulo *Assembly*, hay que dirigirse al menú *Instance* → *Create* y en la ventana *Create Instance* seleccionar la pieza soporte y asegurarse de que la opción *Dependent* esté seleccionada. Dar clic en OK. Esto creará una instancia de la pieza en el ensamblaje. Es todo lo que se deberá hacer en este módulo.

6. En el módulo *Step*, hay que dirigirse al menú *Step* → *Create* y en la ventana *Create Step* llamarlo *step*, seleccionar *Static*, *General* y dar clic en *Continue...* . En la siguiente ventana, en la pestaña *Basic*, activar la opción *Nlgeom*: marcar *On* para considerar efectos geométricos no lineales. Dar clic en OK. Esto es todo lo que se deberá realizar en este módulo.

7. Luego iremos al módulo *Load* para definir las siguientes condiciones de frontera:

   • Mediante el menú *BC* → *Create*, en la ventana *Create Boundary Condition*, seleccionar en *Step* la opción *Initial*, el tipo *Displacement/Rotation* y dar clic en *Continue...* . Seleccionar la base del soporte y fijar los grados de libertad restringiendo las direcciones X e Y y la rotación: U1 = 0, U2 = 0, UR3 = 0 (ver la Figura 10.8).

   • De nuevo, mediante el menú *BC* → *Create*, en la ventana *Create Boundary Condition*, seleccionar en *Step* la opción step, el tipo *Displacement/Rotation* y dar clic en *Continue...* . Seleccionar la parte superior del soporte y aplicar un desplazamiento de -3 mm en la dirección Y, restringiendo además la dirección X y la rotación: U1 = 0, UR3 = 0, U2 = -3 mm (ver la Figura 10.8).

Esto es todo lo que hay que realizar en el módulo *Load*.

desplazamiento

sujeciones

Figura 10.8 *Condiciones de frontera del modelo.*

Estos son los pasos para preparar el modelo y, en términos generales, corresponden a la etapa de preprocesado dentro del método de los elementos finitos.

10.4.3. Procesado

La etapa de procesado es directa y sólo consiste en definir el proceso de solución del modelo creado anteriormente mediante las siguientes instrucciones:

1. En el módulo *Job*, crear un proceso de solución mediante el menú *Job* → *Create*, lo que abrirá una nueva ventana. Llamar al trabajo *soporte_caucho_ solucion* y dar clic en *Continue...* . Revisar las opciones y dar clic en OK.

2. Mediante el menú *Job* → *Submit*, seleccionar *soporte_caucho_solucion* y dar clic en OK.

Al realizar estos pasos, Abaqus/CAE notificará el progreso de la resolución del modelo. Para el caso presentado aquí, esto no debería exceder los cinco minutos de procesamiento y solución.

10.4.4. Resultados

Finalmente, hay que revisar los resultados con el mapa de esfuerzos de von Mises y/o las deformaciones:

- En el módulo *Visualization*, cargar los resultados del trabajo mediante el menú *Result* → *Step/Frame* y seleccionar el incremento en *Time = 1.0*.

- Luego, verificar los resultados de esfuerzos (S) y las deformaciones (E) en los elementos del soporte. Aquí es importante explorar y utilizar herramientas de visualización como contornos de colores para identificar zonas críticas de tensión o deformación.

• Finalmente, generar gráficos de las variables de salida.

Para el caso del soporte de elastómero, ir al menú *View* → *ODB Display Options* y en la pestaña *Sweep/Extrude*, en la opción de *Sweep elements*, establecer el ángulo desde **0** hasta **270** grados; esto ayudará a visualizar los resultados que se obtienen a partir de una geometría simple como la de la sección del soporte. Si todo se hizo correctamente, es posible generar un mapa de esfuerzos de von Mises como el que se muestra en la Figura 10.9.

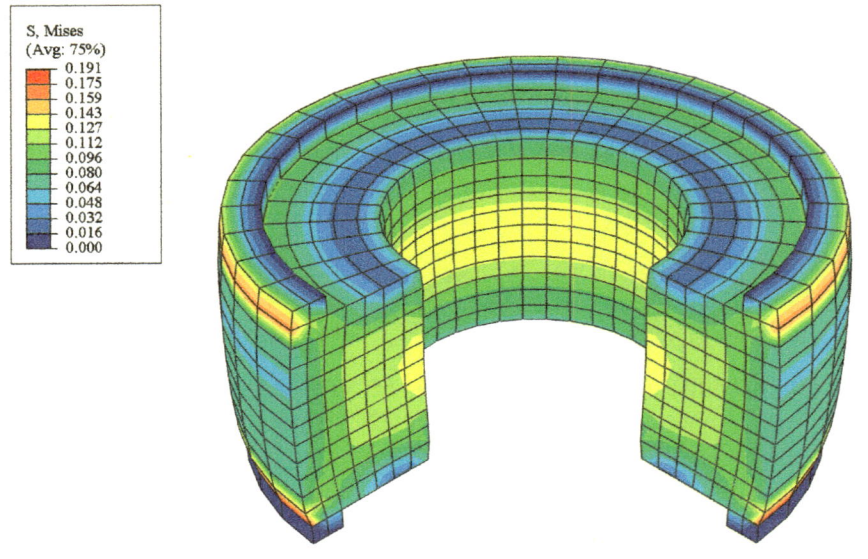

Figura 10.9 *Resultados de compresión del soporte elastomérico anti-vibraciones. Nota: las unidades están en megapascales y representan el esfuerzo de von Mises.*

Tal como lo muestran los resultados, se tienen esfuerzos altos en las regiones donde se conecta el elemento de caucho del soporte con los elementos de conexión y base. Esto es de esperarse, ya que en esos lugares se encuentran concentraciones de esfuerzos. En este caso, el esfuerzo máximo obtenido es de 0.191 MPa con el modelo de Mooney-Rivlin. De esta manera, es posible realizar una simulación con un modelo hiperelástico, es decir, mediante los valores de sus parámetros.

10.5. Resumen

En este capítulo se presentó el método de los elementos finitos aplicado al modelado numérico de elastómeros, consolidando así los conceptos abordados a lo largo del libro. Se discutió la necesidad de seleccionar y calibrar adecuadamente las funciones de energía de deformación para capturar con precisión las características mecánicas específicas de los elastómeros, dado que no existe una función universal que describa a todos los materiales. Se resaltó la importancia de herramientas como el método de los elementos finitos para analizar piezas sometidas a deformaciones complejas y cargas multiaxiales, aspectos comunes en componentes elastoméricos.

Además, se ilustró cómo integrar modelos hiperelásticos, específicamente el de Mooney-Rivlin, en software de elementos finitos como Abaqus Learning Edition. A través del ejemplo de un soporte elastomérico antivibraciones, se describieron las etapas de preprocesado, procesado y postprocesado, destacando los pasos clave y consideraciones importantes para llevar a cabo una simulación exitosa. Este enfoque práctico permite comprender el comportamiento mecánico de sistemas elastoméricos bajo condiciones reales de operación, integrando así la teoría y la aplicación en el campo del modelado de elastómeros.

Referencias

1. Sabat, L., y Kundu, C.K. (2021). History of Finite Element Method: A Review. En Das, B., Barbhuiya, S., Gupta, R., y Saha, P. (eds.), Recent Developments in Sustainable Infrastructure. Lecture Notes in Civil Engineering, vol. 75. Springer, Singapur. https://doi.org/10.1007/978-981-15-4577-1_32

2. Liu, W.K., Li, S., y Park, H.S. (2022). Eighty Years of the Finite Element Method: Birth, Evolution, and Future. Archives of Computational Methods in Engineering, 29, 4431–4453. https://doi.org/10.1007/s11831-022-09740-9

3. Zienkiewicz, O.C., y Taylor, R.L. (2013). The Finite Element Method: Its Basis and Fundamentals (7ª ed.). Butterworth-Heinemann.

4. Electricité de France. (1989–2017). Finite element code_aster: Analysis of Structures and Thermomechanics for Studies and Research [Software]. Disponible en www.code-aster.org

5. Maas, S.A., Ellis, B.J., Ateshian, G.A., y Weiss, J.A. (2012). FEBio: Finite elements for biomechanics. Journal of Biomechanical Engineering, 134(1). https://doi.org/10.1115/1.4005694

6. Dassault Systemes. (2002–2024). Abaqus Learning Edition [Software].

7. ANSYS Inc. (2017). ANSYS Academic Research Mechanical, Release 18.1 [Software].

8. Riegel, J., Mayer, W., y van Havre, Y. (2024). FreeCAD (Versión 1.0) [Software].